NO VALGO
PARA VENDER

ELOÍSA MARTÍNEZ

NO VALGO PARA VENDER

EDICIONES OBELISCO

Si este libro le ha interesado y desea que le mantengamos informado de nuestras publicaciones, escríbanos indicándonos qué temas son de su interés (Astrología, Autoayuda, Ciencias Ocultas, Artes Marciales, Naturismo, Espiritualidad, Tradición) y gustosamente le complaceremos.

Puede consultar nuestro catálogo en: www.edicionesobelisco.com

Colección Éxito
No valgo para vender
Eloísa Martínez

1.ª edición: septiembre de 2007

Maquetación: *Olga Llop*
Diseño de cubierta: *Enrique Iborra*

© 2007, Eloísa Martínez
(Reservados todos los derechos)
© 2007, Ediciones Obelisco, S.L.
(Reservados todos los derechos para la presente edición)

Edita: Ediciones Obelisco, S.L.
Pere IV, 78 (Edif. Pedro IV) 3.ª planta 5.ª puerta
08005 Barcelona – España
Tel. (93) 309 85 25 – Fax (93) 309 85 23
E-mail: obelisco@edicionesobelisco.com

ISBN: 978-84-9777-385-0
Depósito Legal: B-34.151-2007

Printed in Spain

Impreso en España en los talleres gráficos de Romanyà/Valls, S.A.
Verdaguer, 1 – 08786 Capellades (Barcelona)

Ninguna parte de esta publicación, incluso el diseño de la cubierta, puede ser reproducida, almacenada, transmitida o utilizada en manera alguna por ningún medio, ya sea electrónico, químico, mecánico, óptico, de grabación o electrográfico, sin el previo consentimiento por escrito del editor.

A todos los que durante estos veinticinco años quisieron compartir una etapa de su vida conmigo. A los que día a día me sorprendieron con lo mejor de sí mismos. A los que decidieron aprender, y a la vez supieron enseñarme. A todos los que fueron, y son, una parte importantísima de mi vida y mis experiencias.

*De forma muy especial, a los que aún piensan que **no valen para vender**, con la esperanza de que, por medio de estas páginas descubran que sí es cierto que lo valen.*

1 de enero de 2006

INTRODUCCIÓN

Durante las dos últimas décadas la idea de escribir este libro rondó mi cabeza con muchos altibajos.

«Bah, ¿para qué? —dudaba, si sobre ventas todo está más que dicho y a veces de forma magistral.»

«*Ya* —respondía mi voz interior— *pero tu concepto de la venta quizá sea distinto y, además, siempre te ha gustado compartir, sobre todo, pensando en tus clientes. Seguro que tienes algo que aportar.*»

Sentí que el primero de enero del 2006 era el día señalado. Quizá porque recordé otro primero de enero; el día del accidente de mi hijo Alfredo, la persona que más me ha enseñado sobre voluntad y perseverancia. El caso es que elegí ese día. Me sentía preparada y comencé a llenar folios.

Tres días después de terminar el primer borrador, el 6 de agosto, nació mi primer nieto, Diego, y llegó acompañado de unas taquicardias que los médicos diagnosticaron con el sonoro nombre de «síndrome de Wolff Parkinson White». Durante casi tres meses, este hecho se convirtió en el centro de mi existencia. El pequeño decidió vivir. Hoy, 29 de octubre, reemprendo el proyecto y lo hago añadiendo estos párrafos, porque durante los meses de hospital, entre angustias, preocupaciones y alegrías, he ratificado mi criterio sobre la venta: todos vendemos, sea cual fuere el trabajo desempeñado. La cuestión es cómo decidimos hacerlo.

Una forma amable, cariñosa de sonreír, de dirigirse a los familiares, de desvivirse por el enfermo, convierten a una enfermera en la más eficaz de su planta. Su manera de entender el trabajo le otorga tanto el aprecio como el respeto de pacientes y familiares. Y poco importará si es menos hábil suministrando un fármaco o le falta pericia localizando una vena.

La actitud marca la diferencia cuando los conocimientos son similares. El mismo ejemplo me serviría con los médicos, en apariencia tan distantes, como si cito a un camarero, un abogado, un taxista, un funcionario, un informático. Da igual. La valoración de cada persona la hacemos a partir de cómo nos sentimos tratados por ella, mucho más que según su valía profesional. Por tanto —y con ello doy la primera pista de la línea por la que discurrirá este libro—, si aspiráis a estar entre los mejores, aceptad como un principio básico que *la actitud prevalece por encima de la aptitud.*

(Un breve inciso antes de entrar en materia. Permitidme que aproveche esta página para agradecer al equipo humano de Pediatría 2 del Hospital Infantil de La Paz, los cuidados dispensados a mi pequeño Diego, durante los tres largos meses que convivimos con ellos. Gracias por ayudarnos a mantener la esperanza cuando las pulsaciones del chiquitín superaban las trescientas. Gracias al doctor Benito. El cateterismo practicado a Diego le devolvió la salud, y a nosotros la alegría.)

Durante esos meses, tuve la oportunidad de aprender mucho sobre las reacciones, a veces imprevisibles, de los seres humanos (las exigencias, el egoísmo, el miedo y la buena o mala educación...). Valoré, todavía más, un gesto amable, una palabra sincera de consuelo y cuanto observé durante las largas horas de vigilia junto a Diego, lo fui traspasando al mundo comercial: mi mundo.

En la cafetería del recinto hospitalario padecí lo que considero un maltrato a los clientes. La desconsideración y falta de atención personalizada que muestra el personal de la cafetería, raya en el insulto. Ni siquiera para preguntar qué quieres tomar, te miran a la cara. Eres un bulto, algo que pasa por allí y se aleja sin dejar la menor huella, sin que exista el mínimo calor humano. Me resultaba más deprimente pedir un café con leche en la barra de la cafetería, que cabecear durante la noche en el sillón «torturador» destinado al familiar, al pie de la cuna de mi nieto, en una habitación compartida con otros dos o tres familiares.

A los acompañantes novatos que aparecíamos por la cafetería en horas punta, nos tocaba aguantar las malas caras de los empleados más lentos, torpes, renegados y menos cualificados en atención al público con que me he cruzado en mis más de treinta años de trato directo con clientes y vendedores. Imposible igualar su antipatía. El tiempo de espera se alargaba hasta hacerse insufrible. Incluso prefería aguantar con una pieza de fruta antes que presenciar su gesto desganado, de perdonavidas y sus conversaciones repletas de hiel, de quejas internas, que no lograban interesar a los sufridos clientes. ¿Existe algo más desagradable que entrar en un establecimiento y sentirse desatendido mientras los empleados siguen hablando entre sí? Para mí no.

En caso de que estéis en Madrid, si empezáis vuestra andadura por el mundo comercial y la cabeza os bulle de dudas, os sugiero daros una vuelta por dicha cafetería. Abundan las escenas para tomar nota. Allí, junto a la barra, observaréis lo que os recomiendo no practicar en vuestros negocios, si esperáis que perduren en el tiempo. A ellos —me refiero a los dueños y trabajadores de la cafetería— desgraciadamente les sobran clientes, si no, ese negocio ya habría desaparecido hace mucho.

En ese establecimiento, el consumidor es lo último, lo que va detrás de mirarse al espejo, hablar con el compañero, retirar un servicio, mirarte con desgana, como si te hicieran un favor por servirte la consumición. En resumen, la cruz de la venta. Lo que nunca hará un verdadero profesional en su trato con el público.

Una vez expuesto este punto, pasaré a explicaros cada una de las cinco partes en que se divide este texto y mi propósito al escribirlo:

Desde luego, que se convierta en un libro de cabecera y de consulta. Una primera lectura general y que pueda serviros para copiar, subrayar y buscar cuantas veces lo necesitéis las frases o situaciones que os parezcan escritas para vosotros. Así lo he concebido; ejercitando mi mente hasta leeros el pensamiento.

La primera de las cinco partes de que consta el volumen es la más espontánea y, por ello, la menos estructurada. Surge a borbotones, como una lluvia de ideas; refleja las experiencias que más me han marcado. Dejé brotar los recuerdos sin exigirles demasiado orden.

En ningún caso pretende ser un manual de recetas mágicas, capaz de convertiros en millonarios, sin requerir para ello apenas esfuerzo y trabajo por parte vuestra. No, no es esto lo que me propongo. Lo escribo con la idea de transformar las palabras en un apoyo eficaz y duradero, día tras día: es la única forma válida que conozco para alcanzar las metas que os propongáis. Por eso, repito sin cansarme los conceptos que considero fundamentales en ventas; espero que se graben con igual convicción en vuestra mente y en vuestro corazón.

No encontraréis en el conjunto del libro ideas novísimas sobre cómo vender. Dudo que existan. Entonces, ¿dónde radica la novedad, el interés de este libro? Pues en que juntos vamos a convertir la teoría en práctica.

A eso dedicaremos la segunda parte: a conocer en profundidad lo que es un cliente, un vendedor, por qué compramos o nos marchamos de los establecimientos sin abrir el billetero. Os presentaré a mis «siete magníficos» y, para su comprensión, lo acompañaremos de ejemplos reales y anécdotas que ilustran los cimientos de la venta. Y volveremos a insistir sobre los puntos que me gusta definir como «la esencia del vendedor».

En la tercera, trataremos con detalle los diez escalones de la venta: presentación, argumento y cierre. Lo haremos a mi manera. Como lo he experimentado.

El fracaso, con la subjetividad que lo envuelve, será el eje de la cuarta parte.

Acabaremos divirtiéndonos con lo que he denominado «las fases del conocimiento»; ¿en qué nivel de competencia os encontráis cada uno de vosotros? Llegaremos a ello. Pero antes habremos aprendido, para no olvidarlo nunca, que vender significa mucho más que charla, libertad o servicio.

Fijaos en la retina estas dos palabras: escuchar y preguntar. Las repetiré con mucha frecuencia.

❐ ❐ ❐

He dudado antes de elegir el «vosotros» como forma de entablar conversación con mis lectores. Primero pensé en un formal y serio «usted», por afán de mantenerme fiel a mis criterios: nada de tutear al cliente sin su consentimiento. Pero claro, aquí se trataba de una charla entre iguales, por tanto, el usted resultaba demasiado distante, como si estuviera ante un atril. Por otra parte, optar por un «tuteo» en el que me siento incómoda, no me convencía. Así que, tras largas cavilaciones, decidí «vosotros». Significaba un aceptable punto medio que me permite desarrollar un estilo coloquial sin excesivas familiaridades y aporta fluidez a la exposición, ya que, al utilizar el mismo trato que cuando me reúno con mi equipo de ventas, me reconforta. Sí, decididamente, elijo el «vosotros».

❐ ❐ ❐

Por último: No soy partidaria de emplear los términos femenino y masculino cada vez que nombre a un vendedor (vendedor/vendedora) y, además, me he propuesto que el libro os resulte manejable, con las páginas justas. Si escribiera sobre una vendedora en particular, obviamente emplearía el femenino, como lo hago al hablar de una clienta en concreto. Pero, cuando generalizo, no me agrada la idea de haceros perder algunos minutos obligándoos a leer «vendedor/vendedora, cliente/clienta...». Lo considero una redundancia innecesaria que nada aportaría al conjunto del libro. Por tanto, los términos *vendedor* y *cliente* los manejaré pensando en el colectivo de vendedores y clientes.

PRIMERA PARTE

1
LA VENTA, UNA FORMA DE VIDA

Sé claro y brillante y refleja siempre lo que hay en tu corazón. Conocí la frase a través de una clienta muy querida, hará quince años; puede que algo más. Tomé nota en mi agenda y allí la retuve aguardando que llegara este instante. Según me comentó la clienta, cuando el guía tradujo el significado de la frase escrita sobre un espejo chino en el Museo de Hanoi, se sintió en paz con ella misma y con el mundo que en ese momento la rodeaba. De pronto se dio cuenta de que el problema que había dejado en España, no era tal.

En seguida la adopté; estaba en consonancia con la nueva visión de los negocios que comenzaba a bullir en mi mente. Por entonces, ya me consideraba a mí misma una vendedora satisfecha de serlo.

Exponer con claridad y de forma brillante mi manera de concebir la venta. Trece palabras eran suficientes para resumir mi proyecto. Si conseguía convertir mi deseo en idea, la voluntad se encargaría de transformar ésta en realidad.

Empecé el primer borrador convencida de que la decisión de escribir este libro me permitiría comunicarme con innumerables personas.

Pase lo que pase, habrá merecido la pena.

Escribir en la actualidad un libro sobre ventas y pretender ser original es, en el mejor de los casos, una ingenuidad. No puedo sino manifestar mi respeto y admiración por aquellos manuales, algunos ya convertidos en lo que ahora nos gusta denominar «clásicos», que fueron escritos varias décadas atrás.

Cómo ganar amigos e influir sobre las personas de Dale Carnegie y *El vendedor más grande del mundo*, de Og Mandino, mis preferidos, sigo considerándolos como libros de cabecera que me gusta releer por una página abierta al azar. Me encantaría que mis lectores, una vez acabada la primera lectura, hicieran lo mismo con éste: convertirlo en libro de consulta y apoyo.

Recién leído el libro de Carnegie, comencé mi andadura comercial y puse en práctica muchas de las sugerencias incluidas en sus páginas. En la actualidad, amarilleado el papel, siguen colgadas en una pared de mi despacho, bien visibles, las diez reglas que Carnegie resalta para ganar amigos.

Quizá porque empecé con un libro que servía para ganar amigos, mi forma de venta siempre fue atendiendo a lo emocional. Entonces no lo sabía; sin embargo, actuaba tal y como descubrí, quince años después, en las páginas de *Inteligencia emocional*, de Daniel Goleman, y me dije: «Ah, pero, ¿esto es la inteligencia emocional que tanto barullo está levantando? Pues lo practico desde el primer día y no me había enterado».

Siempre procuré tratar a los clientes con el mismo afecto que a los amigos, pero sin familiaridad alguna.

El jefe de ventas nos regaló a las cinco personas que formábamos su equipo *El vendedor más grande del mundo*. Entonces vendía, puerta a puerta, cursos de inglés. ¡Qué duro! Mandino describía la profesión de vendedor imprimiéndole un punto de espiritualidad. Me atrapó en la segunda página. Allí se hablaba de esfuerzo, de esperanza, de metas, de «cuantos más noes recibes, más cerca estás del sí». Aquel lenguaje y, sobre todo, lo que representaba, me resultaba convincente y atractivo. Gracias a su lectura comencé a respetar mi profesión. Por aquel entonces, yo pertenecía al tipo de vendedor con aptitudes innatas y buena disposición ante el cliente, por eso me ganaba un buen sueldo, pero... eso de trabajar como vendedora... no era la ilusión de mi vida, para qué negarlo. *«¿Cómo una mujer joven que se considera sensible, preparada e inteligente, puede perder su tiempo dedicándose a un trabajo que nada aporta al bienestar de sus semejantes, que nada produce?* —me repetía cada noche—. *Aunque disponga de menos libertad y peor horario, mañana mismo busco otra ocupación...»*

Leer a Mandino y comulgar con su principio humano sobre la entrega y el servicio que conlleva esta profesión, cambió por completo mi horizonte comercial. Dedicarse a vender era, por lo menos, tan digno y valioso como ser arquitecto, joyero, astronauta o pintor. Comprendí que también los vendedores nos encontrábamos entre los hijos de Dios, aunque algunos se empeñaran en identificarnos como embusteros y embaucadores sin entrañas ni principios morales. Más tarde, por casualidad leí el salmo 11: «En el mercado y en el claustro no vi más que a Dios» (v. 92). ¡Un salmo nos ensalzaba! Nos consideraba a la altura del claustro.

Poco a poco llegué a la conclusión de que existían tantos tipos de vendedores como de seres humanos. De mí, exclusivamente, dependía que me convirtiera en una vendedora respetada y con éxito. Trabajaría en firme para estar entre los mejores. Ése es el valor de cualquier profesional: esforzarse y alcanzar la meta propuesta.

Sin embargo, lo cierto es que no me inspiré en ninguno de estos dos libros a la hora de escribir el mío. Al menos de forma consciente; llevaba rondándome la idea hace más de veinte años. Desde el día en que escuché lamentarse a una estupenda profesional de la estética, clienta de mi empresa:

—Ay, Eloísa, que más quisiera yo que hacerte un pedido muy grande cada semana, pero **es que no valgo para vender**...

Mi clienta, al igual que muchas otras que fui conociendo con el transcurrir del tiempo, se resignaban y por ello perdían la parte más lucrativa e interesante de su negocio: vender a sus clientes los productos idóneos para el seguimiento del tratamiento en casa, porque, según su creencia, **no valían para vender**.

Basándose en que no valían para vender, dejaban que sus clientes consumieran productos ajenos, lo que con frecuencia resultaba perjudicial para los usuarios, ya que éstos adquirían, en otro tipo de establecimientos no especializados, productos inadecuados para el cuidado de la piel. Es decir, el consumidor gastaba dinero sin obtener resultados. Y mi clienta, tampoco. Y todo ello, porque el auténtico profesional encargado de cuidar su aspecto físico, estaba convencido que **no valía para vender**.

Algunas de las palabras que andaba buscando las encontré en libros aparentemente al margen de la venta. Por ejemplo, *El gozo de escribir* de Natalie Goldberg. Transcribo su primera página: *Cuando iba a la escuela, era una gran empollona. Siempre quería quedar bien con mis profesores. Lo sabía todo acerca de la puntuación. Mis redacciones estaban hechas de frases tan claras como sosas y aburridas. En ellas no se hubiera podido encontrar un solo pensamiento original o un solo sentimiento auténtico. Estaba ansiosa por presentarles a mis profesores lo que yo pensaba que querían.*

Ya lo he dicho: aparentemente este párrafo nada tiene que ver con la venta. Bueno... ¿con qué clase de venta? Con la forma de vender que yo postulo, sí. Transmite con claridad y sencillez lo que en mi fuero interno reconozco como venta de la buena, de la duradera.

Cuando iba a la escuela, era una gran empollona. Siempre quería quedar bien con mis profesores. Lo sabía todo acerca de la puntuación... ¿Alguno de vosotros está en condiciones de asegurar que nunca se ha sentido así como vendedor? Cambiar lo de *gran empollona* por buen trabajador. Lo de *quedar bien con los profesores* por deslumbrar a mis clientes y al jefe de ventas. *Lo sabía todo acerca de la puntuación* por lo sabía todo acerca de los productos que representaba.

¿Seguimos? Adelante. *Mis redacciones estaban hechas de frases tan claras como sosas y aburridas*, lo cambiamos por mis explicaciones, mis argumentos, mis técnicas de venta... Y lo mejor del párrafo: la última frase. Por favor, releedla y decidme cuántas veces os habéis comportado así: *En ellas no se hubiera podido encontrar un solo pensamiento original o un solo sentimiento auténtico. Estaba ansiosa por presentarles a mis profesores lo que yo pensaba que querían.* Aparentar, fingir, nos lleva a mostrarnos del modo que pensamos que los demás esperan de nosotros. Resultado: un desastre total.

Así mismo, me he apoyado en *La técnica del relato*, libro escrito por Ángel Zapata, a quien tuve como profesor de escritura. Además de divertirme admirando su ingenio y su calidad como escritor, lo que con tanta claridad expone, resulta también válido para un vendedor.

Considero que vender es tarea de artistas, de seres creativos y libres. Empleamos el arte de persuadir, de convencer sin agredir ni imponer. El arte de comunicar con naturalidad. Vender es un estilo de vida. Para convenceros, he elegido el siguiente párrafo de su libro:

La habilidad se adquiere por sedimentación. Una destreza del todo peculiar que se va refinando por medio de la práctica. La naturalidad resulta persuasiva. Lo artificioso provoca rechazo. Vamos, como anillo al dedo, ¿a que sí?

❏ ❏ ❏

La denostada profesión de vendedor comienza a ser reconocida como una de las actividades más antiguas, enriquecedoras y relevantes que ha desarrollado el ser humano. Por ello, qué duda cabe, perdura a través del tiempo. Voy a insistir en ello en las páginas siguientes. Ya os dije que esto requerirá repeticiones hasta fijar los conceptos esenciales en vuestra mente. Necesito creer que respetáis vuestra profesión antes de comenzar a dialogar sobre asuntos comerciales.

Los mercaderes, milenios antes de Cristo, ya proporcionaban a sus tribus progreso, cultura y riqueza a través del intercambio de mercancías. A lo mejor os preguntáis por qué tanta insistencia sobre este asunto. En el título del libro se encuentra la respuesta: **No valgo para vender.**

La frase esconde, en la mayoría de los casos, algún rechazo consciente o inconsciente hacia esta profesión. Como si el vendedor fuera un infectado y el trabajo que ejecuta, un delito. ¡Qué error! Si todavía persiste algo de esa idea en vosotros, por favor, desechadlo ya. Ahora mismo. Sin duda se debe al desconocimiento de lo que en realidad significa vender: trabajo, comunicación, esfuerzo. Abordaremos de nuevo este asunto leídas algunas páginas, pero, permitidme una última insistencia: Si creéis que no valéis para vender, probad a hacerlo sin corsé durante una temporada, a corazón abierto. Luego, ya estaréis en condiciones de decidir con criterio.

El esfuerzo mental que os exige gestionar con acierto vuestra tarea diaria, la disciplina y el coraje necesarios para empezar el primero de cada mes desde cero, templa la voluntad. Escuchar, observar y preguntar os acercará a los demás, a la vez que os ayudará a conoceros. Aceptar las propias limitaciones hará que respetéis a los que vamos a definir como clientes.

El primer paso para llegar a ser un vendedor de éxito es no argumentar con excesiva vehemencia, como si la vida oscilara entre la verdad absoluta y la falsedad total. En bueno o malo. Recordar que existen los intermedios. «*No digáis: encontré la verdad. Decid mejor: encontré una verdad.*» (KHALIL GIBRAN).

Aterricé en el sector comercial por lo que entonces atribuí a la casualidad —ahora ya no creo en ella, me refiero a la casualidad—. No lo fue en absoluto —sigo refiriéndome a la casualidad—. Ahora, que llegó mi tiempo de hacer balance, afirmo con total convicción que mi trabajo como vendedora, jefe de ventas y directora comercial, representa los mejores años de mi vida profesional. Los aciertos y los errores me han ayudado por igual. Unos para continuar, otros para rectificar. He aprendido a aceptar mis equivocaciones y a decir «lo siento». También a alegrarme con los éxitos de mi equipo y a disfrutarlos como propios. Esta ocupación me ha enseñado a comprender mejor a mis semejantes. A valorar algo tan hermoso como la lealtad y rendirme ante ella (no confundir con la fidelidad y, menos aún, con el servilismo). «El leal es el que está a tu lado y sabe cuando lo necesitas», escuché este comentario de Felipe González en televisión y lo anoté tal cual.

Dedicarme a la venta aportó seguridad a mi carácter. También me permitió disfrutar de libertad cuando me era muy necesaria para compaginar casa, niños, trabajo. A base de disciplina (y cumplir años, que también tiene su importancia y su mérito), llegué a combinar la responsabilidad de un horario sin horario con mis otras obligaciones, algunas aficiones y, sobre todo, con lo que debía y quería hacer. Además, el trato con el público me enseñó a respetar las opiniones ajenas. Sin duda le debo a la venta ser un poco mejor persona. Sigo equivocándome a menudo, lo reconozco, y ello me permite rectificar sin temor. Con frecuencia descubro nuevas verdades que añadir a las mías. Aún me marco metas y me esfuerzo por alcanzarlas. Y sobre todo, lucho contra mi impaciencia. ¡Ay, la bendita paciencia! Virtud de sabios y santos. Desde luego, no he sido creada ni para ser lo uno ni para alcanzar la otra. A ver si en los siguientes veinticinco años consigo doblegar mi impaciencia. Incluso, cuando pienso que me van a ganar un pedido porque en algún momento cometí una equivocación al gestionar la operación, en ese supuesto que pone en alerta todas mis antenas comerciales, hay ocasiones en que me puede la impaciencia. Cuando así ocurre, los pensamientos llegan menos lúcidos, por tanto, las posibilidades de errar se multiplican. Así que, por favor, esforzaos cada día en tener paciencia.

Un buen ejercicio para conseguirlo será leer sin prisas, con lápiz y papel al lado, hasta la última frase de este libro, aunque a veces os encontréis con una coma fuera de lugar, o me extienda más de lo necesario en algunos ejemplos; terminad de leerlo, porque os aseguro que, si llegáis a ser pacientes, el éxito aparecerá. No lo dudéis un instante. Siempre que, además, demostréis ser muy trabajadores, medianamente inteligentes, bastante avispados, excelentes oyentes, parcos en palabras, muy ágiles desarrollando soluciones y unas cuantas «cosillas más», que juntos iremos viendo.

❏ ❏ ❏

Tengo muy presente en estas páginas al vendedor que conocemos como *dependiente*. Por tanto, incluyo ejemplos directos que competen a esta forma de atención al cliente.

Los dependientes se enfrentan con las limitaciones propias de quien espera. Sin embargo, disfrutan de algunas ventajas; entre ellas, que cuando un posible cliente acude a su establecimiento, ya está demostrando un principio de interés, un deseo de compra que el dependiente experto sabrá manejar y aprovechará para exponer una argumentación informativa y comercial, acorde a las respuestas y necesidades indicadas por el posible comprador. A veces, un certero asesoramiento sirve de cierre. Bueno... lo correcto sería escribir que conseguimos que el comprador compre.

Las diversas formas de venta expuestas en las páginas siguientes, sirven, con ligeros matices, para cualquier tipo de venta; ¿sabéis por qué? Porque vamos a hablar de emociones, de corazonadas, de sentimientos, de crear un estilo propio, de agudeza, de ingenio, de trabajo y más trabajo, de preguntar y escuchar. Cuando volvía de vacaciones el pasado año, oí en la radio un proverbio árabe: «*Quien no comprende una mirada, tampoco entenderá una larga explicación*». El cliente ha de interesaros tanto y tan de verdad, que vuestra mirada traspasará su piel hasta encontrar la respuesta adecuada.

❏ ❏ ❏

En las reuniones de ventas hablamos a menudo de fútbol. Puedo imaginar la cara que podrá mi marido cuando lea estas líneas:

«¿Pero no te da vergüenza, una mujer como tú y ser forofa del ...? Porque a ti no te gusta el fútbol, te gusta que gane tu equipo, sea como sea.»

Algo de razón tiene, pero sólo en parte. Para mí, ver un partido de fútbol es una fuente de inspiración comercial, de tema para debate en la siguiente reunión. Me gusta preguntar a los vendedores por qué ganó tal equipo, y por qué perdió el otro. Sus respuestas sirven para clarificar con sencillez muchos conceptos comerciales y, desde luego, las conclusiones, lo tengo bien observado, se retienen con más facilidad que si dejara ir un montón de argumentos excesivamente técnicos.

Resulta muy interesante, os lo aseguro. Un gol encajado en propia puerta, por ejemplo, nos lleva a disertar sobre las claves del éxito y del fracaso. Sí, sí, me parece estar viendo sonrisas escépticas. Creédlo. ¡Discutimos acaloradamente defendiendo nuestro punto de vista! Quiero confesaros que las opiniones son subjetivas en función de quién gane, quién pierda y a quién de nosotros le toque contestar. Si el que responde es seguidor del equipo cuyo jugador chutó el gol en propia puerta, suele esgrimir razonamientos que derivan en justificaciones. Si, por el contrario, quien opina es de los que siente antipatía hacia el jugador o el equipo perdedor, entonces, los argumentos adquieren consistencia y llegamos a la conclusión de que un descuido, una falta de atención, un trabajo mal rematado, se pagan con pérdida de puntos o en nuestro caso, de ventas y por consiguiente, de comisiones. Pues sí, agradezco a este deporte la aportación de ideas con las que he alegrado y enriquecido mis reuniones semanales.

Disfruto cuando oigo a mis vendedores defender que el equipo A ganó porque su entrega fue total, por su acierto en el tiro, por los pases tan precisos... o que perdieron los del equipo B por falta de interés, se equivocó el entrenador en los cambios, muchas filigranas pero poca efectividad, o porque fallaron un penalti. ¿Lo traducimos a lo nuestro? Hagámoslo:

No se entregaron: vendedor que finge. *Se equivocó el entrenador en los cambios o planteamiento*: hay que mejorar la gestión y dirección comercial. *Dejaron muchos espacios; no defendieron bien*: falta de visitas, de preguntas, de argumentos. *Les faltó acierto*: vendedor que no conoce o le da miedo emplearlas, las técnicas de cierre.

Conclusión: Tanto si es un partido de fútbol como una entrevista de ventas, **lo que queda, lo único que cuenta, es el resultado final; a favor o en contra.** Eso dependerá de vosotros.

2
¿JUSTIFICACIONES? NO, GRACIAS

¿Quién es capaz de afirmar que no ha caído alguna vez en la tentación de culpar a los clientes, a la crisis, a la competencia, la empresa en la que trabaja, o al mundo entero de sus propios fracasos? Es tan cómodo sentirse incomprendido o tratado injustamente. Con lo sencillo que es justificarse... ¡Cuidado! Puede acabar con la carrera más prometedora.

La hipocresía ante el cliente es una barrera infranqueable. Lo detectará y se alejará del vendedor mentiroso.

Hay comerciales, sobre todo novicios, que adolecen de un exceso de «artificiosidad» —así lo llamo—, a veces tan notorio, que el cliente lo percibe antes de acabar con los saludos, y se pone a la defensiva.

Me consta que, en la mayoría de las ocasiones, esa «tirantez» se debe más a una timidez no controlada o, incluso, a inseguridad, que a defectos de carácter. Si observáis con frecuencia esa sensación de alejamiento por parte del cliente, es el momento de preguntaros qué lo provoca. **Reconoced la causa y rectificad**. Otra constante para alcanzar el éxito: reconocer y rectificar.

Las obras de arte casi siempre se distinguen por un toque de sencillez capaz de conmover, el talento de su autor y la dosis justa de originalidad para ser identificada. Por ejemplo, las películas de Woody Allen. A este genio de aspecto frágil y poco agraciado, le gusta presentar en sus películas temas cotidianos que él impregna de ternura, con el toque justo de ironía. Elige unos personajes ingenuos, traumatizados, llenos de defectos, de contradicciones, en los que sin duda nos vemos reflejados y añade ritmo y mordacidad a los diálogos. Si a todo ello le agregamos el toque genial de su batuta, nos encontramos ante una obra de arte con el sello de su autor. «Marca de la casa».

Una de mis aspiraciones es que vuestra venta, el trato con los clientes y la trayectoria de vuestro negocio, consigan identidad propia. Para ello, tendréis que comenzar por entender que las justificaciones, como los balonazos «a la olla», creo que los llaman así, nada aportan. No hay culpables, ni mala suerte en contra. Lograd imprimir «la marca de la casa» y el mercado se rendirá ante la diferencia.

Como todos vosotros vais a leer este libro hasta el final, y a releerlo de vez en cuando y, además —no me cabe la menor duda— vais a poner en práctica algunas de las sugerencias que por estas páginas irán desfilando, antes de que transcurran tres meses comenzaréis a notar en vuestros billeteros el agradable «peso» fruto de vuestro esfuerzo, de haber aguantado hasta la última página —tiene mérito, lo sé y os lo agradezco—. Pronto estaréis en condiciones de comprobar que alcanzar el éxito y el fracaso, no es tarea ajena, sino de uno mismo.

Cuando llevéis a la práctica **reconocer y rectificar,** percibiréis que los clientes que antes os rechazaban, o a los que claramente resultabais indiferentes, os reciben con más cordialidad y predisposición a escucharos. ¿Sabéis lo más importante de ese cambio? Pues que no os asombrará porque, cuando ocurra, ya estaréis convencidos de que **sí valéis para vender.** Ya habréis dado el primer paso. El único mérito del comprador será detectarlo.

3
LA VENTA NO ES PATRIMONIO DE TRUHANES

Pese a la «leyenda negra» que todavía hoy persigue a los vendedores, esa fama de fuleros, juerguistas, personas con mucha labia, etc., que muchas veces lleva a engaño, la realidad es que el trabajo de vendedor es de los más polifacéticos y arduos de realizar con éxito. Especialmente a medio y largo plazo.

De cada cien personas que comienzan a trabajan como vendedores, no llegan al diez por ciento los que consiguen mantenerlo como profesión estable durante más de cinco años. Y es que se necesitan concentración, esfuerzo y entusiasmo para alcanzar la categoría de verdadero profesional. Es un trabajo que no admite ni aguafiestas ni remilgados. Tampoco soporta el engaño como ayudante. Esto, menos que ninguna otra cosa; por mucho que algunos malos aprendices de charlatanes se empeñen en querer demostrarnos lo contrario.

Las conversaciones de éxito en torno a la venta se basan, principalmente, en una comunicación clara, sencilla y natural. El fingimiento, la ampulosidad, la desmesura y la mentira, son sus enemigos. Es posible que esporádicamente alguno de estos cuatro contrincantes (fingimiento, ampulosidad, desmesura y mentira), se presenten como aliados e incluso que, por pura casualidad, parezca que gracias a ellos hayáis cerrado una operación.

No os dejéis embaucar por su aspecto facilón. Puedo aseguraros que la mayoría de los clientes se negarán a daros una segunda oportunidad.

En un momento u otro, casi todos los que nos dedicamos a las ventas sufrimos un ataque de «conciencia pura» y solemos preguntarnos: *¿Acaso finjo delante de mis clientes y por eso soy tan amable? ¿De dónde provienen esas frases tan exactas que a veces se me escapan ante ellos y que no reconozco como mías? ¿A quién pertenece esa personalidad arrolladora que me acompaña solamente durante mis entrevistas de venta?* Es la voz interior, el instinto vendedor. Sí, sí, nada de tonterías. Ya os iréis convenciendo.

A estas alturas, tras enseñar, disfrutar y compartir a decenas de vendedores, tengo la convicción de que el noventa por ciento de ellos no fingen durante una entrevista de ventas. Lo que ocurre es que su deseo de comunicación abre el canal interno por el que fluyen las ideas correctas, las palabras adecuadas... ¡Nos crecemos ante el cliente! Un vendedor natural, convencido y sincero consigue, a través de su trabajo diario, convertirse en un comunicador nato que escucha y comprende lo que cada cliente espera de él. Sólo los que fueron desleales con la empresa que en ellos confió, suelen reaccionar del mismo modo en el trato con los clientes. Ello se debe a que una parte de su carácter siente una extremada propensión a anteponer lo que ellos llaman «intereses personales.» Se corresponde con el tipo de charlatán *que vende hielo en el Polo Norte*. En estos casos —son la excepción—, el cliente se convierte en mero instrumento de las ambiciones del vendedor. Acaba decepcionado y sintiéndose engañado por un comercial sin escrúpulos que, aprovechándose de su cortesía y buena fe, lo acaba persuadiendo de una operación inoportuna. En estos casos, el cliente suele castigar a los siguientes vendedores que lo visitan, hasta que alguno de ellos consigue recuperar su confianza.

¡Cuidado! Si optáis por un tipo de venta engañosa, el fracaso se colará por sus vías retorcidas sin apenas daros tiempo a reaccionar. Considerad que vuestro interés siempre ha de coincidir con el del cliente y también con los de la empresa donde trabajáis. Sé que a veces resulta complicado. En esas ocasiones, desplegad toda vuestra habilidad negociadora a tres bandas, y seguro que encontraréis un punto común.

Utilizar todos los medios que la empresa ponga a vuestro alcance: ficheros, direcciones, catálogos, muestras... os posibilita duplicar los beneficios con el mismo esfuerzo, y sin necesidad de recurrir a otro tipo de artimañas, como inventarse un precio, una oferta, un plazo de entrega o un artículo inexistente.

4
EL INSTINTO VENDEDOR

Me gusta comparar el instinto vendedor con las matriuskas, esas muñecas rusas que encierran dentro de sí mismas otras cinco figuras más. El tamaño las distingue, y precisamente en eso radica su encanto. La matriuska sólo encaja si las figuras de distinto tamaño que la forman, se colocan en el orden correcto. Igual sucede con el instinto vendedor; sólo funciona cuando mantiene intacta su esencia. Lo que quiero expresar es que, sin dejar de ser vosotros mismos, a fuerza de trabajo y experiencia lograréis una sintonía distinta acorde a cada cliente, a cada situación, a cada momento.

Aprended a escuchar la voz que habita en vuestro interior y que, en más de una ocasión, os ha dejado boquiabiertos al tomaros la delantera. Suele actuar sin previo aviso. Sus argumentos resultan tan convincentes que sois los primeros asombrados, ni los conocimientos ni las palabras parecen perteneceros. Sin embargo, ahí están.

Me resulta complicado transmitir lo que siento, sobre todo, porque es muy fácil caer en los tópicos o en el sentimentalismo cuando se habla de intuición, pálpito, voz interior... Os confieso que, desde el principio, sentí su presencia en mi forma de vender. Cuantas veces me dejé guiar por ellos, afloraron los buenos resultados. Era como si se mantuvieran agazapados, esperando a que fuera capaz de liberarme de mi exceso de racionalidad para entrar en acción. El secreto está en dejarse fluir y ceder el protagonismo a esa voz que habla, piensa y decide con acierto.

Si os dejáis llevar, aparecerá siempre que la necesitéis —me refiero a la voz interior—. No lo dudéis. Ahí estará; preparada para echaros una mano, para sacaros de ese aprieto en el que tan sesudamente os habéis metido.

Cuando conectéis con ella —no es tan difícil, simplemente dejaos llevar y aceptad que esa vocecilla es algo más que una extravagancia vuestra—, observaréis su habilidad para resolver situaciones complicadas que hasta entonces requerían de un gran esfuerzo por vuestra parte. El Yo vendedor comenzará a resolver problemas, a crear posibilidades hasta ese momento inexistentes, a haceros salir de aprietos que con anterioridad os producían desánimo e incluso ansiedad.

Me estoy refiriendo a que, de pronto, os encontraréis diciendo esa frase que precisamente queríais decir y, sin embargo, no acertabais a articular. Vuestro Yo vendedor está preparado para informar, rebatir, afirmar, sonreír y cerrar la venta sin que el yo consciente apenas se percate. ¿Alguna vez lo habéis observado? Hay que dejarse llevar por la intuición, aceptar que existen las corazonadas y respetarlas. Eso, y además haber llegado a la cuarta fase del conocimiento, pero este asunto ya lo abordaremos cuando corresponda. En estos momentos, con toda seguridad, es mi voz interior la que dirige mi mente. Me limito a teclear tal cual me va dictando.

Dejo otro recordatorio para los que quieran guardarlo: **Desechad el fingimiento, la ampulosidad, la desmesura y la mentira de todas vuestras entrevistas de ventas y dejaos llevar por vuestro Yo vendedor. Las cifras os lo agradecerán.**

Fue Emerson quien dijo que *«La confianza en sí mismo es el primer secreto del éxito»*.

5
MEJORAR COMO VENDEDOR, CRECER COMO PERSONA

Las experiencias comerciales con los clientes más diversos han sido el mejor catalizador para mis propias motivaciones, mis cambios más profundos, mis convicciones más firmes. Tratar con personas tan dispares e interesarme por ellas sigue representando un punto de reflexión y una posibilidad para adquirir conocimiento, mucho más gratificante que todas las teorías juntas. Las ideas más productivas nacieron en conversaciones con mis clientes.

Estoy plenamente convencida de que cualquier vendedor que consiga ver un asunto desde el punto de vista del otro, adquirirá una comprensión más real sobre las necesidades ajenas, por lo que, por poco que se esfuerce, siempre podrá complacerlas. Es muy importante que lo tengáis en cuenta.

❏ ❏ ❏

Quizás el que este libro haya sido escrito por una mujer, sea la única originalidad que aporta. Pero, bajo ningún concepto, es un libro de mujeres, para mujeres. Cuando comencé mi tarea en el sector de la estética profesional, los puestos de vendedores estaban copados por hombres. Sin embargo, la mayoría de los clientes eran, y siguen siendo, mujeres.

En la práctica de mi profesión nunca me he sentido perjudicada por ser mujer. Fui tratada en todo momento, tanto por clientes como por proveedores, al igual que por los grupos de vendedores a los que durante todos estos años he dirigido, con total respeto y consideración. Lo que se consiguió fue posible, sobre todo, porque siempre supe rodearme de los mejores colaboradores. De un equipo humano creativo, motivado e implicado emocionalmente con la idea de empresa que rondaba por mi cabeza. Así fue desde el principio y, a pesar de los inevitables cambios, así lo mantenemos veinticinco años después. Si a ello le añadimos una buena dosis de esfuerzo, dedicación, sacrificio, entusiasmo, y algunos otros recursos que iremos viendo, el resultado es que me siento muy satisfecha del camino andado. Igual que se sentiría un hombre.

En el sector de la estética profesional, el número de mujeres trabajadoras supera ampliamente al de los hombres; de éstas, la mayoría son empresarias autónomas. Conviene en este punto resaltar el papel de la mujer en los negocios llamados «familiares» o «pequeños», aunque en realidad muy importantes en la creación de puestos de trabajo.

Lo primero que es justo reconocer es que el tipo de comercio o negocio conocido como familiar, exige una dedicación completa y mucho sacrificio a sus creadores. Cuesta sacarlo adelante. Demasiadas veces los beneficios se quedan cortos. Conozco a muchas mujeres empresarias al frente de este tipo de establecimientos: valientes, entusiastas, trabajadoras y muy creativas, que se ven obligadas a trabajar cada día en horario doble para sacar su sueño adelante. A veces se sienten agobiadas porque las cosas no marchan tan bien como esperaban. Sin embargo, siguen en cuerpo y alma, enfrentándose con orgullo y valentía al reto que les supone incorporar nuevas y costosas tecnologías, avanzar al ritmo que exige el sector; una preparación y aprendizaje constantes, asumir la apertura de establecimientos similares rodeando sus proximidades… Estas mujeres, sus dudas, sus miedos, sus éxitos y sus fracasos, me impulsaron a escribir. Por ellas no puedo sino sentir reconocimiento y cariño.

Amparo Acereda Extremiana, profesora de la Facultad de Economía de la Universidad Ramon Llull y Ana López Puig, profesora titular del departamento de psicología de la universidad Rovira e Virgili, publicaron un artículo, titulado «Claves para comprender el papel de la mujer en el liderazgo actual», en la revista *Deusto* (marzo de 2006), del que reseño un párrafo: «*Para liderar, lo básico es transmitir a los demás confianza y sinceridad. Estos aspectos sólo emergen desde las emociones y la autenticidad, en definitiva, desde la inteligencia emocional. Ser inteligente emocionalmente no es otra cosa que transmitir a otro ser humano con suficiente claridad y transparencia, lo que se piensa, se siente y se quiere, porque, en realidad, liderar es una tarea emocional*».

Una larga experiencia me asegura que, en la mayoría de los casos, las mujeres utilizamos la llamada inteligencia emocional de modo inconsciente, sin saberlo, porque forma parte de nuestra manera de entender la vida. Creo que el mundo empresarial comienza a tener una nueva visión de este asunto y, por tanto, a considerar que las mujeres están cualificadas para optar a los puestos directivos. ¿Sabéis por qué? Por su forma de comprender el liderazgo y la dirección. Las mujeres escuchamos con frecuencia esa voz interior de la os hablaba páginas atrás. Y lo transmite sin avergonzarse por ello. Quizá porque las féminas manejamos los dos hemisferios cerebrales con igual soltura, o porque nuestra racionalidad no nos mantiene tan atadas a las estructuras establecidas, como les sucede con mayor facilidad a los hombres. Las mujeres dirigimos combinando el corazón y la cabeza. Tendemos a desarrollar un tipo de liderazgo más consensuado, más colaborador, en el que damos cabida a un clima de entendimiento y participación. Promovemos el debate, el diálogo y el trabajo en equipo y no nos importa reconocer que actuamos por corazonadas. Y de esta actitud obtenemos muchos beneficios. Desde luego, la inteligencia emocional está más asumida por la mujer que por el hombre. Por eso, las mujeres trabajadoras y empresarias no deben decaer en su camino hacia el liderazgo. Es el momento de valorar a la mujer por lo que hace, lo que siembra y lo que recoge (los resultados son los que cuentan), en lugar de por lo que todavía representamos. Como leí en el artículo citado, «*Precisamente el éxito de muchas mujeres ejecutivas radica en que en ellas la inteligencia emocional es algo completamente natural. Los hombres deben rebobinar y adquirir esta capacidad esencial en la dirección y gestión empresarial modernas».* Añadiría que todavía mucho más en la gestión comercial.

Me permito una sugerencia a los lectores masculinos que desempeñan tareas comerciales: escuchad a las mujeres de vuestra vida. Aprovechad el tiempo de descanso para relajaros y comentar con ellas las anécdotas o problemas del día. Así, con naturalidad, aunque sólo sea porque sois amables compañeros y os esforzáis en mantener una buena relación. Sus contestaciones os serán provechosas.

Por ejemplo, quizás alguno de vosotros tenga en su zona un cliente de alto poder adquisitivo que no le compra un céntimo y que apenas le presta atención cuando lo visita. No quiero pensar que vais a decir: «Porque sin razón la tiene tomada conmigo» (me refiero al cliente, claro).

Estoy dispuesta a admitir que sea un cliente muy difícil al que uno ya no sabe cómo acceder, e, incluso, me siento dispuesta a creer que os estáis esforzando por entender sus motivos, pero... Nunca dispone de cinco minutos para atenderos. Vuestra mujer os diría:

—Pregúntale por qué te trata así.

—¿Cómo voy a preguntarle eso? Desde luego, mujer, tienes cada ocurrencia que a uno se le quitan las ganas de contarte nada. Déjame en paz, que yo sé muy bien lo que me hago. Si es que no sé para que abro la boca...

Con variantes, ésta sería más o menos la contestación de muchos hombres. Y, además, en tono indignado. Pero bueno, ¿qué se cree la sabihonda? No tiene ni idea de ventas y se atreve a daros un consejo. ¡A vosotros, que os las sabéis todas!

Pues ya veis. Os transmiten lo que ellas, con toda naturalidad, harían. Para vuestras mujeres lo más natural del mundo sería llegar al despacho del cliente y tras saludarle, decirle abiertamente que necesita preguntarle una cosa muy importante:

—Hoy, lo único que quiero es que me conteste a una pregunta, señor Rodríguez: ¿por qué nunca dispone de cinco minutos para atenderme?

Transcurridos algunos segundos, que el señor Rodríguez seguramente necesitará para asimilar la pregunta, porque ninguno de los otros vendedores con los que se muestra igual de displicente se la ha formulado, quizás esboce una especie de disculpa y añada una ligera explicación de por qué nunca dispone de cinco minutos para atenderos. También cabe la posibilidad de que os responda que no le interesa lo que vendéis, o que le molesta enormemente veros fumar de forma compulsiva, o que no atiende a vendedores que se empeñan en presentarse en su despacho sin cita previa.

Algo parecido a lo descrito sucederá, en cuyo caso, ya habrá merecido la pena preguntar, porque gracias a la información conseguida, conoceréis mejor a ese cliente hasta el momento inaccesible.

Ocurre muchas veces que, a partir de ese día, el señor Rodríguez se siente más predispuesto a tomar en consideración al vendedor valiente. E, incluso, cabe la posibilidad de que esa charla promueva el compromiso para una nueva entrevista. Siempre habrá excepciones. Bueno, ¿y qué? Si el **no** ya lo llevabais puesto.

6
TODOS VALEMOS PARA VENDER

En este manual no encontraréis sistemas infalibles de ventas, fórmulas mágicas de cierre ni argumentos incontestables; nada de eso. Hablaremos —lo venimos haciendo desde la primera página— de comunicación, esfuerzo, confianza y ganas de aprender... No quiero seguir oyendo:

—Yo, trabajar, lo que quieras, pero **es que no valgo para vender**.

—¿Por qué te empeñas en que no vales para vender? —solía ser mi pregunta.

—Pues porque no tengo labia...

Ya salió la bendita labia, que sigo sin entender qué falta hace para vender.

—Porque me da vergüenza, prefiero trabajar duro a vender una crema...

Esta respuesta me sacaba de quicio. ¿Qué entenderían por trabajar duro? Supongo que meterse en su gabinete de trabajo y no salir ni para comer. Pero sin ofrecer un solo producto. Dar masajes, hasta que la espalda crujiera, pero vender...

—Si intento vender, a lo mejor sólo consigo perder clientes. Imagínate, Eloísa, que les dé por pensar que quiero forzarlos a comprarme una crema que luego, a lo mejor, ni utilizan.

Vamos por partes: En primer lugar, no se necesita «labia» para ser un vendedor eficaz. Un vendedor profesional estará más dispuesto y preparado para escuchar que para hablar. Comprendo lo de la vergüenza primeriza, pero a la tercera o cuarta tentativa exitosa, la vergüenza no vuelve a aparecer, porque ya habréis deducido que la venta, entre otras cosas, consiste en aportar ilusión o cubrir una necesidad.

¿Tenéis a mano lápiz y papel? Espero que sí. Los vais a necesitar con bastante frecuencia. Escribid, por favor: **Cuando un argumento funciona, hay que repetirlo. Cuando no da resultado, hay que sustituirlo por otro lo antes posible.** Ya iremos desgranando posibles argumentos. Elegid los que se adapten a vuestra personalidad, y probadlos. Pronto notaréis la diferencia.

En segundo lugar, ningún vendedor que se precie ofrecerá un artículo si de antemano presupone que no va a ser utilizado por el consumidor. Para evitar situaciones de este tipo, recurrid a las preguntas: **descubrir qué necesitan, qué buscan o qué desean los clientes, es obligación vuestra.** Por favor, anotadlo en cada hoja de vuestra libreta de notas que supongo ya estrenada.

Si a pesar de trabajar como vendedores o dependientes, persiste la sensación de que **no servís para vender,** reflexionad unos segundos: ¿qué sucedería si de pronto desaparecieran los vendedores?

Pues sí. Ocurriría todo lo que se os ha pasado por la cabeza y añadiría que, al carecer los clientes de información, se paralizaría gran parte del progreso. Sin llegar a ese extremo, los clientes perderían muchas oportunidades para reactivar sus negocios si no pudieran conocer y beneficiarse de las promociones, novedades, productos estrella... sin la información, en suma, siempre actualizada, que reciben a través de los vendedores. Sería muy incómodo y costoso para los clientes tener que desplazarse a cada fábrica e informarse por su cuenta sobre un nuevo sistema, producto o artículo recién puesto en el mercado. Eso le compete al vendedor: convertirse en el punto de apoyo entre cliente y fabricante. El trabajo de ventas, lo digo con complacencia, ayuda a generar riqueza y es clave en el desarrollo del comercio.

Tener un negocio abierto o pretender ganarse la vida vendiendo y sentirse atenazado por el «miedo al cliente», es absolutamente incompatible. El cliente nos aporta ganancia y satisfacción. Nosotros a él, también. Si alguno de vosotros no vende porque se ha convencido de que **no sirve para vender,** está desperdiciando el mayor potencial de su comercio.

Las personas siempre deseamos adquirir algo nuevo, que nos estimule, que nos aporte conocimiento o ilusión, y con mucha frecuencia nos decimos: «lo quiero, lo quiero»; ¿qué sucederá si no lo vendéis vosotros? Pues que el consumidor se convertirá en cliente de la competencia y vosotros os quedaréis sin cifra y lamentando la «mala suerte» que siempre os acompaña. Es lo único que conseguiréis si no optáis por vencer, de una vez por todas, el miedo al cliente.

Ya que hemos mencionado a la competencia, apunto que debéis conocerla, respetarla, hablar poco de ella y jamás criticarla.

Me aventuro a decir que el miedo al cliente es un reflejo de vuestros propios miedos, que suelen provenir de una falta de confianza o estima hacia la profesión que desempeñáis.

Según avancéis y cosechéis éxitos como vendedores, el miedo al cliente desaparecerá al ritmo que crezca la confianza en vuestras posibilidades.

En 1989 Jiménez de los Santos escribió un artículo, «Elogio de los mercaderes», en el que dignificaba esta difícil profesión. Entre otras cosas decía: «*Siguiendo al maestro Hayek, hay que lamentar esta verdadera enfermedad de los intelectuales que es la de despreciar o jactarse de desconocer los mecanismos más elementales de la economía. Y hay que hacer, en cambio, el elogio que merecen precisamente los mercaderes, acaso la profesión que más y mejores servicios ha prestado a la Humanidad y que hunde sus raíces en el origen mismo de la evolución social, que es la división del trabajo. Si los hombres no fueran tantos y tan diversos y capaces de hacer cosas tan diferentes, el comercio no existiría. Seguiríamos mentalmente a cuatro patas, agarrando del árbol lo que el árbol quisiera darnos*».

Ese miedo del que hablábamos antes, está ligado a un menosprecio hacia la profesión de vendedor. Me he relacionado con personas que consideraban ¡indigno!, sí, así, como suena, el trabajo de ventas. En su mente estaba absolutamente ligada al engaño. ¿Alguno de vosotros se sentiría indigno ejerciendo de abogado, médico, modista, albañil o fotógrafo? Pues todos ellos, de una u otra forma, también venden.

El rechazo, muchas veces inconsciente, que el vendedor siente hacia su profesión, cuesta reconocerlo. ¡A mí me costó cinco años y siguió coleando otros tantos más!

Cuando alguien que nos aprecia apunta esa causa como origen de la falta de estímulo, solemos negarlo con vehemencia. Sin embargo, la realidad que yo experimenté durante mucho tiempo y que después seguí observando en otros vendedores es que, mientras ese rechazo perdura, consciente o inconscientemente, no disfrutamos de nuestro trabajo como debiéramos y ello, sin duda alguna, se refleja en un mediocre salario mensual y lo que todavía es más grave: en el descenso de nuestra autoestima.

A veces percibo que todavía existen personas, aparentemente inteligentes, que consideran denigrante hablar de ventas en su trabajo. Como si el hecho de vender los rebajara en su escalafón laboral. Profesionales cualificados que pretender prestigiar sus despachos, clínicas, tiendas o gabinetes, ocultando la parte comercial; ¿acaso su ignorancia les impide constatar que todos los negocios de este mundo, de una u otra forma, se basan en las ventas? Incluso, hay quienes las camuflan en forma de asesoramiento porque les parece más «fino». Seguro que todos estamos de acuerdo en que una parte importante de la venta se efectúa a través del asesoramiento, pero no es sólo asesoramiento. Hay que vender.

¿Habéis observado cómo algunos profesionales considerados de élite, se niegan a dar ellos mismos el precio de un servicio, como si este «detalle sin importancia», les restara méritos? Puro fingimiento. Desconocen, y por ello no valoran, la esencia de la venta. Si un negocio careciera de ingresos, sobrarían los argumentos, las buenas ideas, los conocimientos y las personas. Los ingresos los generan los clientes, y esos clientes nos compran o les vendemos. El intercambio se conoce como gestión comercial.

En ventas, como en cualquier otra actividad, todo está dicho. Uno de mis deseos al escribir este libro es situar, en el lugar que se merece la profesión de vendedor. Y pretendo hacerlo, eso sí, a mi manera. Creo que ya es hora de acabar con la idea de que el vendedor es un embustero, un embaucador. Nunca me he comportado como tal. Por eso, cada vez que un cliente me salía con lo de «no valgo para vender», lo que yo escuchaba era: «Me da vergüenza, esto no es para mí, no quiero que mi cliente piense que le voy a engañar, eso rebaja mi trabajo...». Leamos lo que piensa uno de los protagonistas de la novela de Oscar Wilde: *El retrato de Dorian Gray,* «Imagino que se debe a que nadie soporta a las personas que tienen sus mismos defectos». ¿Proyección? ¿Los iguales se reconocen? Por eso me molestaba tanto que los clientes me repitieran: «Eloísa, es que no valgo para vender» porque, de alguna manera, venían a ratificar lo que me decía a mí misma.

A colación de la frase del personaje de Wilde, determinad los clientes que se os atragantan y comprobaréis que se corresponden con los que más se os parecen. Algo en su expresión corporal, en su lenguaje os exaspera y produce rechazo. ¿Será ver reflejados en ellos vuestros propios defectos?

Todos somos vendedores. Nos asignaron el papel junto al de ser humano el día de nuestro nacimiento, o antes. Sólo de nosotros dependerá que al final de la función recibamos aplausos o silbidos. Si habéis elegido esta profesión, o quién sabe, quizás ella os eligió, disfrutad y enorgulleceos del trabajo que desempeñáis. El cajón de los comercios y la cartera de los vendedores, se llena de aire o de billetes. De cada uno de vosotros depende lo que consiga alcanzar.

❑ ❑ ❑

Aquí tenéis un resumen de los principales contenidos que ocuparán los capítulos siguientes.

— No criticad jamás, bajo ningún concepto, a la competencia. Si actúa acertada o desacertadamente, es asunto suyo, y llegará adonde sus propios méritos o errores los lleven.

— Cuidado con el exceso de tecnicismos a la hora de presentar un producto. Pueden ser de gran ayuda para convencer a una persona muy cualificada, pero resulta pedante abusar de ellos, sobre todo cuando los conocimientos técnicos del cliente sean elementales.

— El cliente espera que el vendedor se implique en su problema, que se preocupe por su negocio y que sea capaz de expresar con palabras claras y sencillas sus propias emociones. Henry Roth dijo: *«Cuando puedas poner palabras a lo que sientes, te apropiarás de ello»*.

— Mostrarse excesivamente preocupado delante del cliente resulta de poca o nula utilidad. Si además ese estado os provoca ansiedad, sólo conseguiréis transmitírselo al cliente. Reflexionar, si; preocuparse, lo justo. Buscar soluciones, siempre.

— Por duro que ahora os pueda parecer, empezad desde ahora mismo a aceptar que se aprende mucho más de los errores que de los aciertos.

— El dominio de uno mismo es la capacidad de afrontar los contratiempos sin desmoronarse. Un vendedor que se precie sabrá contener en todo momento el exceso emocional.

— Se puede vender careciendo de experiencia, con escasos conocimientos técnicos, sin brillantez verbal e incluso sin habilidad para la comunicación, pero, hasta hoy mismo, pocos han sido capaces de vender sin demostrar paciencia.

En este último punto, hablamos de una virtud que nos invita a observar, a reflexionar antes de dar el siguiente paso. Paciente es el vendedor que sabe acoplarse al ritmo de sus clientes y, sin atosigarles, nunca los deja desatendidos. Paciencia es mostrar talento y esperar el instante adecuado para exponer la frase justa. Así mismo, la calma nos sirve de apoyo cuando la conversación toma un giro distinto al que esperábamos. En suma, nos ayuda a no dar por perdida una operación hasta que los hechos así lo evidencian.

Este volumen es mi obra más meditada. Quizás el único fruto real de la paciencia que hasta ahora he cosechado. Se me da mejor decidir que reflexionar, y una de mis elecciones fue convertir los recuerdos en palabras puestas a vuestro alcance. Llegó el momento de compartir experiencias. Si al acabar la lectura del libro os apetece poneros en contacto conmigo —a mí me ha sucedido con otros autores—, podéis hacerlo escribiendo a mi correo electrónico. No lo dudéis: permitíos ese capricho y hacedlo.

Quizá mi osadía sea superior a mis conocimientos, y por ello, disfruto imaginándome que, en el contenido de estas páginas, hallan inspiración y perfeccionan su tarea diaria tanto el director comercial como el dependiente. Los profesionales que ejecutan un tipo de venta más sutil llamado asesoramiento, como el vendedor experimentado o el que, con la cartera y el callejero (ahora GPS y ordenador) como primeros acompañantes, cada día se enfrentan con el reto de la venta. Habré sido recompensada si consigo que os sintáis felices en vuestro papel de vendedores. Si otorgáis a esta profesión la dignidad que por méritos propios se merece. Si, al menos a unos cuantos, les transmito la certeza de que vender es una tarea exigente y creativa, habré conseguido mi propósito.

Volveremos a este asunto en el capítulo correspondiente, pero desde este mismo instante comenzad a valoraros como personas y como profesionales. **Cada uno de vosotros, si lo desea, si se lo propone, vale para vender.**

Estoy convencida de que una parte de mis lectores ya estáis incluidos en ese reducido diez por ciento que ha superado la década en esta profesión y pertenece, por derecho, al selecto grupo de los grandes vendedores. Comparándolo con el elevado número de personas que alguna vez en su vida ejerce eventualmente de comercial, son muy pocos los que consiguen afianzarse, pero, quienes lo alcanzan, entran a formar parte de los profesionales mejor pagados y más considerados por empresas y directivos.

SEGUNDA PARTE

1
EL CLIENTE

Así lo define el diccionario: «Persona que utiliza habitualmente los servicios de un profesional o de una empresa». «Persona que compra en un establecimiento o que utiliza sus servicios.»

Aldous Huxley dijo una vez que *«la experiencia no es lo que le sucede a una persona, es lo que la persona hace con lo que le sucede»*.

Ya os iréis percatando de cuánto me gusta aprovechar frases inteligentes. El pensamiento de otros nutre el nuestro, lo engrandece, si sabemos usarlo. En cuanto a la frase de Huxley, reconozco que le tengo un cariño especial; ha sido mi compañera de crisis. Daba igual si la causa era emocional o racional, si estaba ligada al trabajo o a mi vida personal. Allí, enfrente de mi mesa, pegada en la pared con celo, la frase de Aldous Huxley seguía insuflándome ánimos, susurrándome hacia dónde dirigir mis pasos.

¿Qué es un cliente?, os pregunto yo ahora.

Os avisé: me gusta preguntar, es una manera casi segura de recibir contestación. De conocer aquello que nos interesa. Espero un poco más de imaginación, busco otras definiciones además de las del diccionario. También sé que los clientes son esas personas que el jefe de ventas os obliga a visitar con regularidad. Cada una de las direcciones que figuran en vuestras listas. Por supuesto, son consumidores quienes acuden a vuestros comercios y establecimientos, y miran, y preguntan. También son clientes, al menos en potencia, los que se marchan sin decir adiós. Los que todavía siguen sin compraros.

De acuerdo, todo lo manifestado responde a mi pregunta. Es verdad. Sin embargo, un cliente es mucho más. Ánimo, esforzaos en buscar otras respuestas. Es importante que descubráis qué es un cliente para vosotros.

Por supuesto, el cliente es la persona más importante de vuestra empresa. En esto estamos todos de acuerdo. Pero aún podemos añadir otras características que lo definan con igual precisión. Sería acertado recalcar que un cliente no es alguien con quién discutir. —Os avisé: lo que expongo en este libro, no pretende ser original—. Al contrario: En estas páginas vais a encontrar escrito lo que sin duda ya sabéis. Mi objetivo es **hacéroslo recordar cada día.** Pues, como os decía, nunca se gana una discusión con un cliente. Puede o no tener razón, pero entrar en una discusión con él es perderla.

Un cliente es alguien a quien convencer, una persona que os transmite sus deseos, sus necesidades, sus esperanzas. Vuestro trabajo es encontrar la manera de satisfacerlo ofreciéndole aquello que mejor se adapte a sus pretensiones.

¿Se pueden satisfacer deseos sin conocer en profundidad las causas que lo motivan? No. Para acertar en este intercambio de *tú me pides*, *yo te doy*, tendréis que conocer las motivaciones que mueven a los clientes a pensar: «lo quiero, lo quiero». Es imprescindible observar con atención su comportamiento. Descubrid sus verdaderas intenciones e, incluso, interesaos realmente por sus planes a corto o medio plazo. De todo ello hablaremos con más precisión en los siguientes capítulos. De momento, lo que pretendo dejar muy claro es que, si os empeñáis en vender el producto del mes desconociendo las motivaciones de cada cliente, lo más probable es que no cerréis la venta. Veámoslo con un ejemplo:

Imaginad un cliente que entra en vuestro establecimiento preguntando por una maleta de gran capacidad. Por mucho que os empeñéis en ofrecerle la bolsa de deportes que esa semana figura con premio entre vuestros objetivos, aunque afinéis la argumentación y os explayéis con los datos técnicos: durabilidad del tejido, calidad en la terminación, lo novedoso del diseño... todo bien expuesto y de forma tan convincente, que ganas dan de comprarla. Sin embargo, lo que el cliente busca, necesita o simplemente desea, es una maleta tamaño familiar.

Vaya, quizá vuestro instinto vendedor tenga su día, atinéis con las palabras idóneas, confluyan unas cuantas circunstancias favorables y consigáis venderle la bolsa de deportes y, por supuesto, la maleta. ¡Enhorabuena! El vendedor protagonista alcanzará los objetivos que se proponga y, sin duda, se encontrará entre los diez mejores vendedores del año, aunque, lo más probable, es que demasiada insistencia sobre un producto que no motiva lo suficiente al cliente, os deje sin venta. Repito: hay que descubrir qué busca, qué espera, qué desea el cliente y ofrecerle aquello de nuestro catálogo que mejor se adapte a lo que ese día él quiere adquirir y que, como expertos vendedores, habréis descubierto según transcurría la exposición. Preguntad. (De nuevo las preguntas. Es que sin ellas no habrá respuestas del cliente y, sin respuestas, no obtendréis información).

Empecinaos en vender lo que sólo a vosotros os conviene y lo más probable es que el cliente se despida, u os diga adiós con el consabido «ya me lo pensaré» y entonces, maldiciendo vuestra mala suerte, os preguntaréis —esto último estaría bien, digo lo de preguntaros—, por qué no habéis vendido la bolsa de deportes. Claro que, también podéis echar la culpa a las características de la bolsa que vuestro jefe os obliga a vender y seguir engañándoos. No lo creo. De pensar así no habríais comprado este libro. En el fondo, aunque todavía no lo reconozcáis, queréis convertiros en excelentes vendedores.

Han faltado las preguntas, no existía por parte vuestra un interés real en conocer las motivaciones o deseos del cliente. Quizás hace décadas el vendedor «agresivo», el que forzaba las ventas al límite de la resistencia del cliente, tuviera cabida en el mercado. Ahora no. Demasiada competencia y mucha oferta donde elegir. Hay que preguntar y luego ofrecer y, por último, cerrar.

Seguimos:

Conocer las motivaciones de compra que mueven a vuestros clientes os proporcionará un análisis bastante ajustado de cada uno de ellos: fieles, rentables, proclives a dejar de comprar, negociadores duros, caprichosos, distantes... **Guardar, controlar y repasar con frecuencia toda la información reunida sobre cada uno de ellos, os ayudará a elegir los argumentos y, además, mantendrá vuestros ficheros actualizados.** Disponer de abundantes datos os facilitará acertar con la estrategia más adecuada. Manejarlos con eficacia —me refiero a los datos— buscando tanto el beneficio personal como el del cliente, siempre os reportará satisfacción y cifra.

Es un grave error pensar que el cliente debe formular las preguntas: **Él tiene todas las respuestas.** Escuchadlo con interés.

Hasta aquí hemos repasado lo que quizá ya conocíais sin necesidad de tener que leerlo en un libro. De modo que, ¿qué podemos añadir?

Pues, por ejemplo, que cada vez que un deseo ronda vuestra cabeza en forma de idea, os convertís en clientes.

Cuando hojeáis una revista y algún objeto atrae vuestra atención, cuando mirar un escaparate se convierte en una atracción irresistible y comenzáis a susurrar: «lo quiero, lo quiero», os comportáis como un cliente.

Cuando reclamáis o negociáis mejores condiciones, cuando entráis en un establecimiento esperando un trato amable y casi único, sois clientes.

Cuando esperáis que el vendedor se amolde, sin un mal gesto, a vuestro ritmo mental, a vuestra prisa, a vuestra curiosidad, decididamente sois clientes.

¿Habéis observado que, dependiendo de dónde coloquemos la tilde, cambia el significado de la misma palabra (*ánimo – animo – animó*)? Las letras son idénticas, el significado no.

Lo mismo sucede con nuestro timbre de voz. Siempre igual, pero dependiendo del tono empleado, suena distinto, incluso para nosotros mismos. Mucho más para los que nos oyen. La misma frase dicha en un tono amigable, convincente, animoso, fortalece la comunicación. ¿Qué sentís cuando estáis en la posición de clientes y os toca un vendedor que utiliza un tono cansino, apático, distraído...?, ¿compráis? Yo no. Lo suspendo y me digo: «Voy a buscar a otro que quiera ganarse mi dinero».

Todas las personas ejercemos de vendedor y comprador. Ponte en el lugar del otro y lo comprenderás.

Si dedicarais un minuto cada día a reflexionar cómo os gustaría que os trataran en vuestro papel de clientes, seríais excelentes vendedores: Tratad como os gustaría ser tratados. Al hacerlo comprenderéis que un cliente no es una interrupción en vuestro trabajo, si no el propósito del mismo. Es probable que sea lucrativo para su negocio cuanta información útil y novedosa le proporcionéis, pero también aportará beneficio a vuestros bolsillos la oportunidad que él os brinda. Aprovecharla o desperdiciarla es otra de vuestras elecciones.

En el transcurso de una reunión, pregunté a los vendedores de mi equipo comercial los motivos por los que **no comprarían,** aún dándose la circunstancia de que necesitaran el producto y, además, quisieran adquirirlo. Sus contestaciones muestran sin reservas la importancia del vendedor:

— Que lo aburran con exceso de tecnicismos.

— Mala atención; hacerle esperar innecesariamente.

— Prepotencia del vendedor.

— Que lo juzguen por la imagen y lo traten con desconsideración.

— Que el vendedor utilice frases hechas, fingidas.

— Que lo ignoren.

— Que se muestren indiferentes.

— Que no tengan el producto que él busca y no se molesten en enseñarle otros.

— Sentirse engañado. Mal servicio.

— Que el vendedor no sea puntual.

— Que el vendedor se excuse continuamente.

— Que el vendedor base su argumentación en criticar a la competencia.

❏ ❏ ❏

Cuando pregunté las causas por las que **sí comprarían**, sus respuestas ratificaron las anteriores por oposición. Se mantuvo la importancia del vendedor:

— Buen entendimiento con el vendedor.

— Que el vendedor le creara necesidad.

— Que el vendedor lo convenciera.

— La amabilidad del vendedor, su forma de sonreír, su mirada de entendimiento.

— Por ostentación.

— Por impulso.

— Para alegrarse el día.

— Porque es un comprador compulsivo.

— Por necesidad.

Ahora, ya conocéis algunos de los motivos que llevan a las personas a salir de un establecimiento sin haber abierto la cartera, y a despedirse de los vendedores con un «ya me lo pensaré», o con la indiferencia más absoluta.

También quedan claras las principales causas generadoras de compra. ¿Estáis de acuerdo? Pues sólo falta conocer vuestras opiniones y añadir la mía:

La mejor manera de conocer lo que quiere un cliente es preguntárselo. ¿Que ya lo había dicho unas cuantas veces? Lo sé. Pero seguiré insistiendo. ¿Conocéis esta frase?: *En este mundo todo está dicho, pero como nadie escucha, hay que repetirlo una y mil veces*, dijo André Gide, y es una de mis favoritas.

Cuando hablo de preguntar al cliente, no se trata de ceder ante él con servilismo ni de dejaros convencer por sus argumentos sin defender vuestro criterio. Tampoco se trata de hacer un torneo sobre quién tiene la razón o cuál es el equivocado y, creyéndonos en posesión de la verdad, discutir hasta vencer al cliente; de este modo, podemos despedirnos de la venta.

Se trata, simplemente, de escucharlo con atención y encontrar la manera de agradarlo y convencerlo. Preguntaos qué podéis aportar al cliente. Qué significan sus deseos para vosotros. No se alcanza la categoría de auténtico vendedor sin saber escuchar. Es muy sencillo, ¿verdad? Pues, ¿por qué lo ponéis tan pocas veces en práctica?

Algunas de las actitudes del vendedor que más molestan al cliente:

— Que lo visite sin cita previa cuando así lo tiene establecido.

— Mostrar prisa mientras conversan.

— Empleo de tecnicismos que el cliente no logra captar.

— Hablar mal de la competencia.

— Que afirme que sus productos son los mejores y menosprecie los que usa el cliente.

— Falta de puntualidad.

— Que le haga perder el tiempo.

— Que el vendedor no cumpla las normas establecidas en las instalaciones del cliente (fumar, hablar con los empleados, dar precios ante extraños...).

— Que se aturulle con las cifras.

— La falta de soltura al manejar ofertas y promociones.

— Que no lleve un catálogo o una lista de precios que le haya pedido.

— Preguntarle y recibir respuestas evasivas, inseguras, que dude sobre los productos que vende.

¿Sigo? Ya es suficiente ¿no?

❑ ❑ ❑

En relación con lo que acabo de exponer, y también con el apartado dedicado a la mujer en el capítulo 5, sólo pretendo recordar que, en términos generales, las mujeres estamos mejor dotadas que los varones para ejercer de «confesoras». Y esta cualidad, la empatía, nos aporta una considerable ventaja frente a la forma masculina de entender las relaciones comerciales.

La mayoría de mis clientes, como bien sabéis, son mujeres. Precisamente a ellas, a las que todavía piensan que no sirven para vender, les dirijo las siguientes líneas.

Disponemos —está probado científicamente— de una intuición muy superior a la masculina. Esta cualidad nos faculta para examinar cualquier cuestión desde aspectos emocionales que los hombres, o bien no advierten o le restan importancia. Quizá, como dice Jung: «*Justamente por ello ninguna mujer está convencida de que su marido sea el súperhombre*». Bromas aparte, la realidad es que conectamos fácilmente con las ideas ajenas. Quizá se deba a que la mujer no precisa demostrar de continuo su grado de inteligencia, ni suele considerar cada conversación un examen de conocimientos. Simplemente nos interesamos por lo que el otro quiere comunicarnos, procuramos entender el mensaje y lo siguiente es satisfacerlo sin racionalizar en exceso. Porque sí, porque nos viene en gana. Actuar así nos da a las mujeres una considerable ventaja para hallar soluciones válidas.

Sin embargo, y ésa es la otra cara de la moneda, nos perjudica la exacerbada actitud crítica que solemos mostrar hacia los demás y hacia nosotras mismas. Es el sentimiento de culpa que llevamos como una segunda piel. Eso, y recelar de las otras mujeres, nos impide muchas veces alcanzar la categoría de vendedoras de élite que por empatía y talento merecemos. Aun así, seguimos siendo unas excelentes «confesoras».

❑ ❑ ❑

Franklin dijo que «*ninguna nación fue arruinada jamás por el comercio*». Desde los albores de la humanidad, el comercio ha propiciado el desarrollo económico y cultural de las tribus, los pueblos, las naciones. Se ha erigido como el timón del progreso y todo ello gracias a dos tipos de personas: el vendedor y el cliente.

Ya expliqué las causas que provocan nuestra incomodidad cuando nos toca representar el papel de vendedor: Menospreciar la profesión, ¿recordáis? Como clientes, tampoco solemos sentirnos muy a gusto. Ello se debe a que de forma inconsciente lo asociamos a ser engañados, a que, en cuanto nos descuidemos, van a intentar darnos «gato por liebre».

Es tarea del vendedor conseguir que sus clientes se muestren satisfechos tras cerrar una operación —para vuestro bloc de notas—. Si el cliente queda convencido de haber sido él quien, sin manipulación por parte del vendedor, tomó la decisión de compra; si entiende que ha adquirido lo que andaba buscando y además estima que las condiciones fueron justas y razonables, se considerará bien atendido y muy satisfecho tras cerrar la operación.

El cliente es una persona que necesita algo, que busca algo, que desea algo, ¿qué hacer para complacerlo? ¿A qué ya sabéis lo que viene ahora?: Preguntar, preguntar, preguntar. Sólo a través de las preguntas podréis saber que un cliente prefiere los geles limpiadores a las emulsiones o que no le agradan los productos coloreados. Esta información, además de facilitaros mostrar al cliente lo que busca, os ahorrará el tiempo que habríais desperdiciado insistiendo en las propiedades de la emulsión. Como dijo Séneca, «*Nuestros planes salen mal porque no tienen objetivo. Cuando un hombre no sabe a qué puerto se dirige, ningún viento es favorable*».

Si queréis estar entre los mejores, el primer objetivo será conocer los deseos de las personas a quienes esperáis satisfacer y, después, conseguirlo.

En vosotros radica el poder para cambiar las cosas, claro que, para alcanzarlo, quizá tengáis que moldear primero vuestros pensamientos.

Resumiremos este capítulo resaltando los puntos siguientes:

— Una selección acertada de clientes mejora la calidad y rendimiento de cualquier vendedor.

— Adoptad pequeños actos amables con ellos. Recordad sus nombres, alguna fecha importante, algún dato de interés.

— Un comprador no depende de vosotros. Vosotros dependéis de ellos.

— El cliente no siempre tiene razón; sin embargo, en ningún caso es conveniente discutir con él o provocar un concurso de inteligencia. Ningún vendedor gana una discusión con un comprador.

— El cliente cada vez exige más porque puede elegir mejor. Os aporta sus deseos, vuestro trabajo es hacerlos rentables para ambos.

— El comprador nunca adquiere un producto, sino la satisfacción que conlleva sentir cubiertas sus auténticas necesidades.

— Un cliente satisfecho es una fuente de ingresos por activa (sus propios pedidos) y pasiva (recomendaciones).

— Vuestro éxito, ya casi consumados vendedores, consistirá en vender, además de los productos habituales, aquellos otros que aún no os compran, manteniendo al cliente satisfecho y atendido.

— El tiempo del cliente es oro. El vuestro también tendría que serlo. No lo desperdiciéis. Facilitad al máximo su decisión a través de preguntas, —sí, de nuevo—, aclaraciones e información veraz y adecuada. Hacedles sugerencias útiles.

— Es importante conocer a los clientes para convertiros en su portavoz dentro de vuestra empresa.

— Expresadles aprecio. El cliente no sólo desea ser bien atendido, sino que quiere ser apreciado.

— No lo tutéeis sin su autorización, ni mostrar excesiva familiaridad.

— Como profesionales de la venta que ya sois, sentíos en la obligación de descubrir los motivos inconscientes que mueven a los clientes a comprar: el prestigio, el afán de notoriedad, la curiosidad. En contra están: el miedo, la inseguridad, sentirse engañados.

— El precio rara vez determina el cierre de una operación, a no ser que el vendedor esté obsesionado con él.

— El comprador os reclama eficacia; catálogos en orden, listas de precios preparadas, manejo claro de las ofertas y promociones, conocer los productos que representáis.

— Como prefiere ser él quien elija, le agrada sentirse bien informado acerca de todos los productos, y no sólo de los favoritos del vendedor.

— Según Freud, la razón del ser humano se asemeja a un iceberg, y no llega al veinte por ciento lo que sobresale por encima del agua, lo que una primera impresión nos permite concebir. A veces, de forma errónea. El otro ochenta por ciento oculto son deseos, sensaciones, instintos y sentimientos que están en el inconsciente. Descubrir al menos una parte de ese ochenta por ciento restante es vuestra responsabilidad. Sin ser partidaria de esquemas o técnicas excesivamente elaboradas, considero conveniente, sobre todo pensando en los que empezáis, añadir a este capítulo una breve reseña de los tipos de clientes más frecuentes. Os servirá de orientación.

Hablador: La argumentación del vendedor debe ser breve y clara, las preguntas, justas y suficientes para descubrir qué quiere. Sobre todo, evitad entrar en discusión con él y no demostréis impaciencia, aunque, a veces, tendréis que recordarle que estáis allí para vender.

Discutidor: No os dejéis impresionar por su brusquedad ni lo consideréis una ofensa personal. Suelen ser clientes fieles una vez que nos habituamos a ellos y se les pierde el miedo. La argumentación ha de ser concreta, definiendo perfectamente los puntos más interesantes. Las preguntas, hacedlas tipo cuestionario.

Indiferentes o distraídos: Con este tipo de cliente también conviene ser breve en la argumentación y hacerle muchas preguntas para captar su interés. No permitáis que sea el cliente quién desvíe vuestra atención. Seguidlo con atención. Lo agradecerá.

Nervioso o impaciente: Mejor una exposición breve y concreta. No lo interrumpáis, no habléis demasiado. No os dejéis llevar por los nervios y preguntad poco, pero sí lo imprescindible.

Sabelotodo: No le contradigáis de entrada. Dejadlo hablar y aprovechad los conocimientos del cliente para apoyar el producto que presentáis. Por supuesto, sólo va a admitir una argumentación breve y esmerada y algunas preguntas realizadas con mucho tino.

Reflexivo: Con este tipo de cliente lo más importante es no dejarse descorazonar. No conviene presionar demasiado; este cliente necesita calma y serenidad para tomar decisiones. Ayudadlo con una argumentación completa, al detalle y muchas preguntas.

Indeciso: En este caso, lo más apropiado es impedir que la conversación se eternice. No exterioricéis sensación de duda. Necesita una argumentación exhaustiva y muchas preguntas que lo ayuden a clarificar sus indecisiones.

Económico: Vuestra argumentación, que será completa y bien definida, basadla en datos e informaciones contundentes y con probada rentabilidad para el negocio del cliente. Hacedle todas las preguntas que preciséis, porque siempre encontraréis respuesta.

Terminamos con una frase de Garfield: «*Las cosas de este mundo no varían hasta que alguien las hace variar*».

2
EL VENDEDOR

Que vende. Es la escueta definición del diccionario. O sea, todos los seres humanos.

«*Muchas veces se venden grandes cosas mediante pequeñas ideas*» (Peter Ebeling).

Vendedor: Una de las profesiones más antiguas y que mejor han perdurado a través del tiempo. Sinónimo de *comerciante, tendero, viajante, corredor, representante, mercader, dependiente, expendedor*. En esta lista no figuran «charlatán» ni «embustero».

Por si acaso alguno se resiste a creer lo que, sin desánimo, voy a demostrar en estas páginas, seguiré presentando datos.

Comenzaré por recordaros que la mayoría de los aspirantes a vendedores se frustran en los comienzos, cuando se encuentran solos ante el cliente y les da por preguntarse: «qué hace un tipo bueno e inteligente como yo intentando liar a otro al que apenas conozco».

Se desmoralizan escudándose en que **no valen para vender** y deciden abandonar.

En realidad, estos aspirantes, lo que pretenden trasmitirnos es que no es para ellos eso de embaucar. No les asusta trabajar, al menos eso responden cuando se les pregunta, pero muy distinto es ofrecer un producto en el que muchas veces ni confían, y aguantar las negativas del cliente… Muy duro.

Hubo de transcurrir mucho tiempo antes de que comprendiera que no iba a molestar a los clientes, ni a hacerles perder el tiempo, ni a que me echaran de sus salones por incordiar. Según se abrieron puertas, llegaron cada vez más pedidos y, con ellos, la confianza en esta profesión y en mí misma. Sé muy bien de lo que escribo.

A los que aún no habéis abandonado ese primer escalón oscuro, leed con atención el párrafo que he elegido del libro *El viaje de Teo*, de Catherine Climent. Narra las vivencias de un adolescente aquejado de una misteriosa enfermedad, que, acompañado de su tía Marthe, y con la esperanza de encontrar la salud en algún recóndito lugar, emprende un viaje alrededor del mundo de las religiones. En cada uno de los lugares visitados se enfrenta a una respuesta aparentemente distinta, pero...

Como veréis, elijo otro argumento alejado de nuestro mundo comercial. No os dejéis llevar por las apariencias.

«*...El deber de pureza, fijado desde el nacimiento por los dioses para cada uno de los hindúes, en función de su casta de origen. Y es que la pureza no era la misma para todos: la pirámide de las varnas o castas, propias del hinduismo repartía a los hindúes en tres castas elevadas (brahmanes, guerreros y mercaderes), a las que añadían las castas de los que les servían. Los más puros, los brahmanes, eran los únicos que tenían derecho a leer los textos sagrados y se ocupaban de su rigurosa aplicación; los guerreros ejercían el poder político y defendían el territorio;* **y los mercaderes se ocupaban de crear riqueza a través del comercio.**»

¡Vaya!, así que los mercaderes, milenios antes de Jesucristo, eran considerados una de las tres castas privilegiadas de la India. Quizá crear riqueza y repartirla tenga su mérito, ¿no? Pero seguimos con la lectura. *Todos los miembros de las tres castas eran «dos veces nacidos», o sea, que participaban a los ocho años en una ceremonia iniciática, el segundo nacimiento que los transformaba en piadosos hindúes. Sólo a ellos.* Es decir; **que los mercaderes eran respetados y considerados personas piadosas, de bien.** Pues me parece que no es preciso añadir comentario alguno.

❏ ❏ ❏

«¡Qué barbaridad! Vaya un sector más superficial...»

Soltó un empleado que dos días antes se había incorporado a mi empresa.

De esa forma mostró su perplejidad ante la variedad de artículos destinados al cuidado y belleza del cuerpo que encontró expuestos en nuestros almacenes.

Creo que se equivocó en su primera apreciación. El sector de la estética profesional genera en sus clientes bienestar, satisfacción personal, salud, alegría, ganas de vivir... ¿Dónde está la superficialidad? ¿Hay muchas profesiones que aporten similar satisfacción y bienestar al consumidor?

Seguimos con el viaje de Teo: *Por debajo de las tres varnas o castas de los dos veces nacidos se encontraban miles de castas distintas, clasificadas por grados de impureza hasta el límite humanamente soportable. Y luego estaban los demás, todos los demás que ni siquiera alcanzaban la humanidad.*

Brahman, dios de la Creación, había repartido a los hombres según la constitución de su propio cuerpo: para la boca, los brahmanes; para los brazos, los jefes y los guerreros; para los muslos, los mercaderes. Y en el resto: su vientre, sus piernas y sus pies, el dios había metido a las castas inferiores.

De momento, es suficiente. Más adelante recuperaré el viaje de Teo.

A los vendedores se les suele atribuir «labia» y, sin embargo, Brahman, en su reparto, nos otorga la cualidad de muslos en lugar de lengua. ¿Será porque son miembros fuertes, capaces de soportar mucho peso y más tensión? Al pensar en los muslos, lo primero que se nos viene a la mente es una parte vigorosa del cuerpo donde hallamos los músculos y los huesos más largos de nuestra anatomía. Las extremidades inferiores están preparadas para soportar agotadoras caminatas. Un trabajo duro y aguerrido el de vendedor.

Sin embargo, si preguntáramos a nuestros amigos, familiares, conocidos, ¿qué es un vendedor? Todavía hoy recibiríamos algunas respuestas como las que reseño a continuación:

- El que se dedica a vender.
- Un charlatán.
- Una persona que siempre va bien vestida.
- Los que ganan más «pasta».
- Los que saben vivir del cuento.
- Un vago.
- Un vividor.
- Una persona muy pesada que quiere meterte por los ojos lo que vende.

Y lo decían medio en broma, sí, pero también medio en serio. A lo mejor pensáis que exagero. Preguntadlo vosotros y saldréis de dudas.

Lo que impera en las respuestas es el desconocimiento de lo que en realidad supone el trabajo del vendedor profesional. La tarea de dependiente es más conocida, se le considera necesario, un asesor, alguien que te ayuda a decidir...

¿Qué es un vendedor? Ahora respondo con mis convicciones:

- Una persona con la mente muy bien equilibrada que cada primero de mes soporta la dura prueba de comenzar desde cero.
- Alguien preparado para aguantar la soledad sin caer en el desánimo.
- Quienes soportan las inclemencias del tiempo con el mismo estoicismo que los noes de sus clientes.
- Personas conocedoras de las exigencias que su profesión conlleva. Luchadores dispuestos a comenzar cada día ofreciendo lo mejor de sí mismos.
- Un ser amable, incluso cordial, que mantiene la distancia correcta.

— Un trabajador que busca el beneficio de su cliente a la par que el suyo propio.

— Un profesional bastante anárquico, pero dispuesto a colaborar cuando se le necesita.

— Consciente y cuidadoso de su aspecto como parte del respeto que debe al cliente.

— Quien convence con argumentos reales.

Todavía podría añadir:

— Alguien que no se deja avasallar ni derrotar por los inconvenientes.

— Un colaborador dispuesto cuando el cliente lo necesita.

— Un profesional que se esfuerza cada día y aumenta sus conocimientos a base de estudio y práctica.

Pensad un momento antes de contestar: ¿existe alguna profesión no relacionada con la venta? ¿Existe una sola acción concebida por el ser humano que no tenga como última finalidad vender?

Cada vez que nos comunicamos de forma oral o a través de la expresión facial o corporal con otra persona (también animal) expresándole cariño, duda, enfado, alegría, concertando una cita, ofreciéndole un regalo, exponiendo una opinión, pretendemos vender.

Vende el médico cuando diagnostica y receta. El abogado representando a su cliente. El informático al crear su programa. Un actor, un filósofo, un sacerdote, un padre, un amigo, un político, un cantante, un deportista, un pintor... ¿Acaso no venden sus conocimientos, su saber, su experiencia, su don, su capacidad, su obra, su amor?

Resulta que tratar a los demás como nos gustaría ser tratados —quizá lo expreso con excesiva simpleza, pero me sirve para lo que quiero resaltar— es la base de lo que Goleman denominó *inteligencia emocional*. Al citar los atributos que acompañan a cualquier persona de éxito, incluye, entre otros, el autocontrol, el entusiasmo, la perseverancia y la capacidad de motivación. Vamos, los mismos que descubrí hace dos décadas y que al final de este capítulo encontraréis detallados. La única diferencia es que para mí siempre fueron los «siete magníficos».

Basándome en mi experiencia, no soy partidaria de medir la inteligencia de los vendedores y, menos aún, de valorar su capacidad para triunfar, ciñéndolo a parámetros puramente mentales. Por tanto, si la inteligencia emocional considera otros factores más personales: empatía, intuición y voluntad como auxiliares del éxito, me declaro una entusiasta seguidora de las ideas expuestas por Goleman. Quizá por ello las practicaba mucho antes de leer su libro.

Con frecuencia nos enfrentamos a situaciones determinantes que afectan tanto a nuestro trabajo como a nuestras relaciones personales. Elegir entre seguir adelante, pararnos o hundirnos, es decisión de cada cual. Cito a Goleman: «*habría mucho que decir acerca de la aportación constructiva del sufrimiento a la vida espiritual, creativa y laboral, porque el sufrimiento puede ayudarnos a templar el alma*».

Todos conocemos a más de una persona eficiente, cumplidora e inteligente que, por lo que a simple vista parece una cuestión de «mala suerte», no consigue promocionarse en su puesto de trabajo. ¿Por qué? Pues, en gran parte, porque carece de habilidad para comunicarse con los demás. Sus relaciones laborales no pasan de la mediocridad: les falta entusiasmo. Con el transcurrir del tiempo tienden a convertirse en seres amargados y resentidos que se limitan a denostar la prosperidad ajena sin preguntarse por qué ellos no lo consiguieron. Se quedan en ese punto de amargura en el que es más sencillo culpar a los demás que reconocer los propios errores.

Me apoyo ahora en las palabras del psiquiatra y profesor universitario doctor Enrique Rojas, cuando dice: «*Inteligencia es capacidad para obtener respuestas adecuadas a la realidad envolvente, dando lugar a una positiva*». La inteligencia no es un don de nacimiento que se posee o no, sino una habilidad que cada uno de nosotros consigue desarrollar y fortalecer a base de esfuerzo, estudio y dedicación.

Si os habéis propuesto llegar a ser vendedores «de primera especial» —esta expresión la empleaba mi padre para demostrar admiración por alguien o por algo—, comenzad por aprender a pensar. Sí, también se aprende a pensar y, para un vendedor, es esencial hacerlo con provecho. El tipo ganador del que hablamos en este libro reflexiona con la cabeza, vende con el corazón y crea su propio estilo.

Se vende con las manos, con los riñones, con el hígado, con la mirada y, por supuesto, exponiendo argumentos comerciales convincentes. Así que ya sabéis; comenzad por emplear la mente ejercitando cada día la memoria. Para ello os será de gran utilidad recordar los nombres de vuestros clientes, algunos números de teléfono, sus números de identificación. Tamaños, colores y precios de los productos..., qué sé yo, todo aquello que forme parte de vuestro trabajo diario.

Si manejáis con soltura los datos delante de los clientes, os ganaréis su consideración. Apoyaos en la experiencia al renovar vuestros argumentos; los que dan resultado, mejoradlos. Los que fallan, cambiadlos con frecuencia.

Un error bastante común entre los vendedores es basar su estrategia de venta insistiendo sobre los productos que el cliente ya consume. ¿Para qué ofrecerlos, si ya os los compran? Lo inteligente es ofrecerle precisamente aquellos artículos que aún no conoce. Y todavía mejor, si aprendéis a generar ventas en cadena. Es decir, que un producto os lleve a otro complementario y luego al siguiente... Emulsión limpiadora, tónico, crema de día, crema de noche. Por ejemplo.

Considerad una de vuestras primeras obligaciones visitar a todos los clientes potenciales que trabajen dentro de vuestra zona, y hacedlo con regularidad casi matemática. Podréis sentiros orgullosos si el crecimiento de ventas se desarrolla precisamente entre aquellos clientes potenciales que aún no os compran.

Si realmente aspiráis a cobrar importantes cantidades en concepto de comisiones, aprended primero a captar la realidad de cada cliente en toda su complejidad. Observar con atención, además de escuchar, os dará muchas pistas. Cada objeción, cada no del cliente, lleva implícita la esperanza de recibir una solución. Es vuestra responsabilidad atinar con las palabras precisas, en lugar de divagar, contar algún chascarrillo, poner cara de susto y quedaros sin respuesta, o hablar de la lluvia un segundo más de lo imprescindible.

Todo lo anterior pueden parecer requisitos muy difíciles de cumplir, quizá lo entendáis mejor si nos fijamos en las estadísticas.

¿Dónde naufragan los vendedores? Pues, según un estudio de 1998, las principales causas por las que los vendedores no consiguen sus objetivos son las siguientes:

- El cincuenta por ciento de los vendedores fracasan porque carecen de confianza en sí mismos, entusiasmo y capacidad de persuasión.
- El cuarenta por ciento anda escaso de laboriosidad, organización y creatividad.
- Al diez por ciento le faltan conocimientos básicos sobre el sector y los productos que representa.

Es lo que reflejan las estadísticas. Nada que objetar. Simplemente añadiría que esa persona solitaria, amable y luchadora que conocemos como vendedor, necesita, sobre todo creérselo, si quiere triunfar. Entrenarse en la difícil técnica de aunar conocimientos, sencillez y autenticidad, porque lo que llamamos personalidad consiste precisamente en expresarse y actuar de un modo propio. No basta con hacer el trabajo bien, hay que imprimirle «la marca de la casa».

Sé lo que os estoy pidiendo. Ya dejé escrito que a través de mi trabajo de ventas entregué lo mejor de mí misma. Cuanto mayor era mi disposición a entender, escuchar y atender a mis clientes, mejor respuesta obtenía y más satisfacción me reportaba mi tarea, así que aparqué definitivamente los complejos, esa idea de que trabajaba en una profesión excesivamente mercantil, superficial y engañosa, y me dediqué a vivirla con intensidad, como otra oportunidad más que me brindaba la vida.

Estábamos con las estadísticas. Ahora describiré los diversos tipos de vendedor que he sido capaz de clasificar:

El buscador de excusas: Malo, malo... empezamos por un tipo que no me cae demasiado bien. Es aquel que, ante cualquier reclamación del cliente, se justifica en lugar de buscar soluciones y, lo que es peor, culpa a cualquiera de su equipo con tal de quitarse la responsabilidad de encima. No me gusta. Considero que un vendedor tiene que ser aguerrido y, por tanto, asumir plena responsabilidad en cualquier asunto que se produzca dentro de su zona, o en el establecimiento en el que presta sus servicios. Actuar como «busca-excusas» le resta méritos y muchas posibilidades antes el cliente, ya que lo que éste espera es que el vendedor muestre una disposición positiva y le solucione sus problemas.

Vale más un «no te preocupes, yo personalmente me encargo de acercarte esta misma mañana el encargo que nos hiciste el viernes y que por un descuido mío no has recibido...» que emplear diez minutos en hacerle ver al cliente que su encargo estaba en el almacén de la tienda, y ninguno de los compañeros ha reparado en el paquete.

El técnico: Es un tipo de vendedor mitad administrativo, mitad comercial. Todavía no está muy convencido de sus dotes para la venta, yo diría que aún duda si quiere ser vendedor. Necesita escudarse en un montón de cifras y datos técnicos para olvidarse de que al final, lo quiera o no, ha de enfrentarse al cierre.

Pero este tipo de vendedor prefiere pensar que hay otra salida y, por ello, se extiende en una argumentación, a veces exhaustiva y otras simplemente aburridísima. Como ya comentamos, el empleo exagerado de tecnicismos no suele interesar a casi ningún cliente. Aburre, más que convence, oír relatar una larga lista de datos muchas veces incomprensibles. Me atrevería a afirmar que no llegan al cierre por puro cansancio del comprador.

El cierre, en toda entrevista de ventas, surge en el momento oportuno. Si dejáis que ese instante se diluya, quizá no tengáis una segunda oportunidad. Responded a las preguntas del consumidor con sencillez y claridad. Rara vez precisa una disertación, simplemente desea que le aclaréis una duda sobre precio, tamaño, presentación, oferta o determinada característica del producto que quizá no quedó clara en vuestra exposición.

Responded, preguntad si lo consideráis necesario y no abruméis al comprador con peroratas que nada o poco aportan a su decisión de compra.

Excesivamente locuaz: Hablamos de un vendedor al que todavía le faltan «un par de hervores», porque un auténtico profesional nunca se permitiría mostrarse excesivamente locuaz. Es cierto que esta actitud a veces esconde una gran timidez, aunque a primera vista parezca una contradicción, y no hablo de una regla fija, digo que se da con relativa frecuencia. En cualquiera de los casos, el resultado es que un exceso de charlatanería insulsa provoca el rechazo del cliente, huirá de él como de «ese pesado que no para de hablar y al final no dice nada». Porque eso es lo que suele pasar, que el vendedor charlatán habla, habla, habla tanto, e incluso de sí mismo, que a veces llega a olvidar el principal motivo de su visita: vender. Este tipo de vendedor sigue sin dominar los tres pasos de la venta: presentación, argumentación y cierre. Hay que pasar por los tres, y con muy buena nota, si queremos llevarnos el pedido firmado o, si se trata de atender en un comercio, si esperamos que el comprador vuelva.

La presentación, como su nombre indica, es ese corto periodo de tiempo que utilizáis en dar los buenos días, hacer preguntas personales: «¿Qué tal el crucero?» «¿Cómo se encuentra tu madre? Recuerdo que durante mi última visita andaba de médicos...» «La boda de tu hija fenomenal ¿verdad?» «¿Te instalaron ya el nuevo mostrador?...» Y por favor, no contéis vuestra vida. Al cliente le tiene sin cuidado. Si siente curiosidad, ya os preguntará. En asuntos personales, os recomiendo ser parcos en las respuestas.

Mejor aprovechad el tiempo para presentar la novedad del mes que tan bien se adapta a las necesidades del cliente y hacedlo con imágenes, si es posible. Siempre que tengáis la oportunidad, enseñad el producto. Que el cliente lo mire, lo toque y lo sienta ya un poco suyo.

Argumentar no es sinónimo de acaparar la palabra. Mantenéis una conversación, no lo olvidéis. El cliente tiene las respuestas, haced preguntas y observad sus reacciones. Aclarad cuantas objeciones salgan a relucir y en el momento oportuno [aprovecho que cuando esto escribo se celebra en Madrid la feria de San Isidro], como si de redondear una excelente faena se tratara, entrad a cerrar.

Utilizad preguntas abiertas, que permitan diversas alternativas, (ya lo veremos en el capítulo dedicado al cierre) y poned el broche de oro con la rúbrica del cliente en la hoja de pedido.

El tímido: Aunque ya queda dicho que el excesivamente locuaz a veces encubre a un tímido, ahora le toca el turno a otro tipo de timidez. Lo llamaremos vendedor apocado. A primera vista suele parecer poco entusiasta, introvertido, con un timbre de voz excesivamente monótono, lento, inaudible en ocasiones. Le cuesta entrar en materia, sobre todo cuando es primerizo. Os presento a un tipo de vendedor que goza de mi simpatía y admiración. Si consigue superar esta primera fase, se crece, empieza a creérselo y llega a convertirse en un excelente comercial; amable, no agobia a los clientes, pero los convence, es servicial y excelente oyente. Si os veis retratados en este grupo, aguantad por lo menos seis meses antes de abandonar.

De la primera a la tercera o cuarta visitas, suele producirse un cambio favorable hacia el vendedor por parte del cliente. Se torna más amable y predispuesto, sobre todo si os habéis ganado su aprecio. Es lo que necesitáis para exhibir el instinto vendedor que lleváis dentro. Adelante. Sé que pasará mucho tiempo antes de que el importe de vuestros pedidos alcance la media del conjunto; ¿sabéis por qué? Simplemente porque os seguirá asustando anotar. Pensaréis que al apuntar otro artículo el cliente se arrepentirá y anulará el pedido. La experiencia os demostrará que no ocurre así.

Por el contrario, vuestra cifra mensual llegará a ser importante, ya que cerraréis muchos pequeños pedidos que se irán ampliando con el transcurrir de los meses.

La relación que se establece entre el vendedor tímido y el cliente, nunca le hace recelar a éste y el pedido pequeño fluye con naturalidad. Conseguir el «gran» pedido requiere tiempo y mucho entrenamiento. Pero, como punto de partida, está muy bien contar con la simpatía del cliente y, ya que serán muchos los clientes que os tendrán en cuenta, la cifra crecerá mes tras mes.

El dominador: ¡Ay, el dominador!... casi necesitaría un capítulo aparte por la cantidad de matices que lo acompañan. Tiene lo mejor y lo peor de la idiosincrasia del vendedor. Suele ser atento, inteligente, captador rápido de las necesidades ajenas, activo, trabajador, pero... también egocéntrico y algo chapucero. Sabe que vale, aunque con frecuencia olvida que carece de rigor y equilibrio. A veces se muestra desmesuradamente efusivo, batallador, incluso insistente.

Su actitud dominante, o convence mucho al cliente o le resulta insoportable. No hay término medio. Algunos incluso lo tildarán de prepotente, aunque no comparto esa opinión. Su agilidad mental le convierte en un negociador aventajado. Cierra las operaciones con facilidad porque siempre encuentra respuesta. Su mayor defecto es que promete más de lo que está en su mano cumplir.

Cuando asume este defecto y lo supera, se convierte en un excelente vendedor.

El perfeccionista: Ya se le nota en su aspecto externo. Ni un detalle fuera de su sitio, los complementos siempre a la última; la corbata, un bolso, el peinado, unas preciosas sandalias, el perfume, un toque de maquillaje o un perfecto rasurado; el hecho es que su presencia por sí sola marca la diferencia.

El perfeccionista se prepara para que todo salga acorde a sus exigencias, que son muchas. Por eso, su dossier sirve de ejemplo al resto del equipo de ventas. Necesita demostrar que sabe, y para ello se empapela de catálogos, listas de precios, impresos, cualquier documento que le aporte seguridad ante el cliente. Este tipo de vendedor suele utilizar todos los medios que su empresa le brinda. Busca el beneficio propio, pero dispone de la suficiente habilidad para conseguirlo a tres bandas: cliente, empresa y él mismo. Es puntilloso, y algunas veces resulta molesto en las reuniones de ventas. Suele ser protestón y exigente en sus requerimientos. Pocas cosas le satisfacen plenamente. El vendedor perfeccionista es muy eficiente delante del cliente. Ya le puede pedir la luna, que él la sacará de su cartera y se la entregará acompañada de una sonrisa satisfecha, y un interesante argumento sobre las ventajas del producto. Lástima que en la mayoría de los casos sea distante y algo estirado, lo que le impide conectar con los clientes más emocionales. Le comprarán y respetarán por su eficacia, pero no llegarán a apreciarlo en exceso. Resultan algo prepotentes los vendedores perfeccionistas, reconozcámoslo, pero nos lo hacen olvidar cuando despliegan toda su capacidad organizativa. Los delata el gesto insolente de su labio superior o la mirada fría de una exposición hecha con la razón. Cuando un perfeccionista consigue alegrar su sesuda argumentación con una ligera porción de sentimiento, la venta está hecha.

El emocional: Pues aquí tenemos el caso opuesto. El vendedor emocional lo lleva en la cara. Le importa el cliente y le importa de verdad. Lo escucha con atención y agrado. Siempre ofrece los productos que su corazón elige como idóneos para ese comprador. Se fía en exceso de él —del comprador— y ahí comienzan sus problemas. Confía tanto en el cliente que durante mucho tiempo suele cometer el error de dejarlo decidir y éstos, por regla general, quieren que decidan por ellos o con ellos.

Un vendedor emocional puede hacer una presentación de lujo: natural, sincera, rebosante de amabilidad. Puede argumentar tan bien como el perfeccionista, aunque nunca alcanzará al técnico, pero le sobra convicción. De los diferentes tipos de vendedores, es el que está más convencido de las cualidades de sus productos, y así lo transmite. Como no podía ser de otra manera, su talón de Aquiles es el cierre.

En cuanto el cliente le argumenta un par de veces que ya lo llamará, que en ese momento no puede seguir con él, este tipo de vendedor echa mano de su empatía, se pone en el lugar del cliente y cree a pie juntillas que al día siguiente lo llamará para hacerle el pedido. Afortunadamente, en el caso de este vendedor, el pedido llega con relativa frecuencia, ya que una parte de los clientes, los que perciben su amabilidad, le premian comprándole. Pero también, más que ningún otro tipo de vendedor, sufre la decepción de la pérdida de algunas operaciones que él daba por hechas, porque el cliente así se lo había prometido.

El noviciado del vendedor emocional está repleto de éxitos y fracasos. Cuando aprende a discernir y toma la iniciativa, suele cosechar gran número de buenas ventas y mucho aprecio por parte del cliente.

El cerebral: Aunque a primera vista se le confunde con el perfeccionista, es más pragmático. Sabe lo que quiere, sabe cómo lo quiere y va al grano, sin rodeos. Es atento, buen oyente y muy hábil para conectar con los deseos del comprador. Se muestra seguro, maneja cualquier situación, pero sin meterse en el terreno ajeno, como a veces le ocurre al dominador. Consigue operaciones importantes porque se sabe vendedor y actúa desde el primer momento como tal. Sin implicarse más de lo imprescindible, consigue tener atendidos y contentos a casi todos sus clientes. Se preocupa de las incidencias, es resolutivo y eficaz. Va a lo suyo, pero como lo suyo también es lo del cliente y lo de su empresa, deja contentas a todas las partes. Es un experto en el manejo de la calculadora. Prepara ofertas personalizadas; siempre tiene algo «especial» que ofrecer porque él mismo lo crea. Por tanto, el pragmático sí suele cumplir lo que promete.

El servicial: La antítesis del anterior. El vendedor servicial basa su profesión en el servicio al cliente. Le gusta el papel de «recogepedidos», se siente cómodo en él. No le importa llevarlo él mismo, hacer cinco llamadas, o pasarse tres horas para vender treinta euros. Da por bueno cualquier esfuerzo, si con ello consigue vencer la resistencia del comprador. Le cuesta entender que su tiempo es oro y también que el esfuerzo realizado para conseguir ese pedido quizá no le aporte rentabilidad comparándolo con el número de visitas efectivas que podría haber cerrado con el mismo gasto de tiempo y energía.

El vendedor servicial posee una voluntad férrea. Su tenacidad sólo es comparable al miedo compulsivo que muestra ante un posible pedido grande. Le asustan tanto como al tímido. Los pedidos que consigue se deben más a su amabilidad, constancia y fuerza de voluntad, que a sus habilidades comerciales. Se pierde con las ofertas, no las maneja con soltura porque sabe que, en cuanto el cliente le diga: «Si me lo dejas a tanto, te lo compro», todo él se va a poner a temblar ante la posibilidad de perder el pedido y, aunque vaya en contra de sus intereses, como muchas veces ocurre, dirá que sí al cliente. Es superior a sus fuerzas.

❑ ❑ ❑

En realidad, no conozco a un solo vendedor al que pudiera encuadrar absolutamente en uno de los tipos mencionados. Todos presentan aptitudes y talentos que los sitúan, como poco, en tres tipos.

Quizá lo más acertado sería resumir que cada vendedor asume en su personalidad una pequeña parte de todos los tipos reflejados.

Antes de terminar este capítulo me propongo resaltar las características negativas de dos tipos de dependientes que no deberían existir, ya que representan el lado negativo del trato con el público.

Siempre que tropiezo con uno de ellos me pregunto: ¿A qué aspiran estos tenderos de «pacotilla»? Los tipos de dependientes a los que me refiero no muestran la humildad de quienes piensan que no sirven para vender, cuando la realidad es que sirven y mucho. Los otros, a los que dedico las siguientes líneas, tratan pésimamente al cliente por ignorancia y mala educación.

Hablo del dependiente insolente y también del pasota.

Ya os conté mi manía de puntuar a los vendedores que me atienden para considerar si son merecedores, o no, de quedarse con mi dinero. Cuando me topo con una de estas dos especies (espero que en vías de extinción), salgo del establecimiento con las manos libres y sin abrir el billetero.

El dependiente insolente vende cara su sonrisa, es físicamente estirado, distante, como si temiera contagiarse, y no admite objeciones a su deficiente presentación. Baja la comisura de los labios, y formando con ellos el gesto desaborido que le caracteriza, suelta un «no me estás entendiendo» que automáticamente me pone a la defensiva. ¿Cómo se atreve a responderme que no le estoy entendiendo? ¿Acaso me toma por tonta?

—Si usted (ante su tuteo recalco todavía más el *usted*) se explicara con claridad, seguro que le entendería. —Contesto enfadada ante lo que considero una impertinencia.

Cuando me dirijo a un dependiente y le solicito asesoramiento, espero recibir, como mínimo, un trato amable. Elegí su establecimiento ilusionada, pongamos por caso, por el televisor expuesto en el escaparate. No se me ocurrió pensar que debería superar un examen de electrónica para no molestar al dependiente. Sin duda él se beneficiaría de mi compra, pero antes se lo tendría que ganar.

El insolente supone ganado su sueldo y comisión por el mero hecho de acudir al trabajo. Se equivoca. ¿Cómo puede espetarme una persona cuya labor se desarrolla atendiendo al público que «no lo estoy entendiendo, o no tengo idea de lo que pretende explicarme, o que demuestro estar mal informada sobre fechas, características, modelos», o lo que venga al caso y quedarse tan tranquilo?

—¡Qué cara es esta mascarilla!

—Es el precio que marca la casa... tenemos que cobrarlo así... Se nota que usted no usa mascarilla con frecuencia.

Todo ello sin sonreír, sin mirar la cara al cliente, y manteniendo el rictus desaborido en el labio superior. Este tipo de vendedor tendría que estar penado por decreto ley; por desagradable e inepto.

El estilo del pasota es diferente: Antepone acabar de contar al compañero la última «injusticia» de la que ha sido objeto, el penúltimo chisme, algún comentario malintencionado sobre un amigo o familiar… que dirigirse al comprador. Son negativos por naturaleza e incapaces de centrarse en su trabajo. Prefieren seguir pasando la gamuza por la estantería antes que recibir con una sonrisa al posible cliente que tiene la desgracia de dirigirse a él. En seguida se los reconoce; los delata la desgana. Suelen dejar que sea el potencial comprador quien tome la iniciativa, nunca se ofrecen y cuando éste comete el delito de invadir lo que consideran «su espacio», se muestran displicentes y poco comunicativos. Si tenéis la desgracia de cogerlos en un mal día (dolor de barriga, algún altibajo personal), cabe que ni responda a las preguntas.

—¿Qué tal me sentaría el flequillo más corto?
—No se lleva.
—¿Ha llegado la crema hidratante que tengo encargada?
—No.

¿Para qué se van a molestar en explicar que el flequillo largo es más favorecedor o que acaban de recibir una crema de nueva formulación que además incluye un práctico bolso de regalo? Sin embargo, se ganan la vida atendiendo al público. Eso dicen.

❏ ❏ ❏

«Nuestra mayor gloria no está en no haber caído nunca, sino en levantarnos cada vez que caemos.»

Si la frase de Goldsmith resulta convincente ante cualquier adversidad, su comprensión en las gestiones de venta se hace fundamental.

Concluiremos con el perfil idóneo extraído de los diferentes tipos de vendedores y también haremos un recorrido por aquellos defectos comerciales que todo vendedor profesional ha de pulir:

Sabe relacionarse con sus semejantes y se interesa por la buena marcha del negocio de los clientes. Siempre lo encontraremos en disposición de ofrecer soluciones y ventajas. Lo suficientemente ambicioso como para alcanzar las metas que se proponga, está dotado de una gran capacidad de trabajo y se muestra entusiasta, sin caer en la verborrea. La práctica le ha enseñado a ordenar su mente y a mantener a raya la disciplina. Manifiesta interés por el punto de vista ajeno (empatía, del griego *empatheia*, «sentir dentro») y, además, se esfuerza por ser un comunicador natural, sin recurrir a fingimientos inútiles. Es creativo. Su mente actúa con agilidad y dispone de buena memoria. Cuida su aspecto físico y mejora constantemente.

Como Teresa de Calcuta, también el Vendedor, con mayúscula, conoce la importancia de la sonrisa. La Madre Teresa recomendaba a sus Hermanas que practicaran la terapia de la sonrisa con los enfermos que cuidaban, y les recalcaba lo que para ella era la más eficaz de las medicinas: «*Una dosis de amor envuelta en una sonrisa*». Un Vendedor, con mayúscula, sonríe, además de con la mirada y los labios, con el corazón.

¿Alguien da más? ¿Os queda alguna duda acerca de la dificultad e importancia de vuestra profesión? Ahí tenéis. Vividla con orgullo.

Vamos a repasar algunos defectos bastante comunes entre los representantes de comercio. Una vez reconocidos, os recomiendo que los desechéis cuanto antes, porque representan un lastre en vuestra labor comercial.

Ignorar el talento de cada cliente y creer que se le puede engañar.

Utilizar de continuo frases hechas. Denotan pobreza de vocabulario y escaso ingenio.

Los vendedores solemos mostrarnos excesivamente tozudos y anárquicos. Nos cuesta menos cambiar de pareja que los hábitos de venta. De acuerdo, puede que exagere un poco. Lo que quiero decir es que el inmovilismo es un freno en vuestro camino hacia el éxito y, de no rectificar a tiempo, lo pagaréis malogrando una parte de vuestra cuota de mercado.

Algunos decidís abandonar la profesión antes de experimentar qué hubiera sucedido de actuar con más amplitud de miras, porque no siempre el tipo de venta que se elige —por ejemplo venta directa, a puerta fría (libros, seguros)— coincide con aquella para la que se reúnen mejores aptitudes —venta de seguimiento (clientes habituales).

Tanto el vendedor pagado de sí mismo como los tiquismiquis provocan rechazo en el cliente. Aún existe un tipo peor de vendedor: el que promete mucho y cumple poco. Tampoco es que consiga muchas simpatías el que ríe sus propios chistes delante del cliente.

Si alguno se considera «el rey» del chascarrillo fácil y la frase ingeniosa pero repetitiva, mejor dejarlos aparcados para los fines de semana. Que sean los amigos o familiares los encargados de llamaros pesados. «Buenos días por la mañana» es un ejemplo de lo que quiero exponer.

¿Y esos vendedores que no permanecen quietos un segundo, que parecen aquejados del baile de san Vito? Agotan la paciencia y los nervios del cliente. Su desconsideración sólo es comparable al que centra la conversación en sus propios problemas, sus aficiones, su familia, su coche, su, su, su... agotador.

Controlad rascaros de continuo. Crea nerviosismo en el cliente, tanto como observar a un vendedor retocándose de continuo el nudo de la corbata, alisándose la falda, o buscando, sin hallar, en el bolso o maletín, dejad de dar toquecitos con los dedos sobre la mesa y, por supuesto, no os frotéis con insistencia la punta de la nariz, ni crujáis los dedos, lo cual es casi tan molesto como soportar a un vendedor que mueve compulsivamente las piernas o balancea constantemente los pies. ¡Qué alivio sentirá el comprador cuando los pierda de vista!

La habilidad se adquiere por sedimentación, como dice Ángel Zapata en su libro. La destreza se va refinando por medio de la práctica. Se evoluciona a fuerza de renuncias y correcciones. La naturalidad resulta persuasiva. Lo artificioso produce rechazo. Una voz pomposa, artificial, provocará hostilidad en el cliente. Más aún, si lo que percibe es que pretendéis dar brillo o relieve a vuestras palabras. Se cerrará en banda y no os prestará atención. El secreto de la naturalidad consiste en no fingir. Se lee en los ojos, en la expresión corporal.

En algunas ocasiones resultará aceptable emplear un lenguaje coloquial, pero nunca de «coleguitas». Habréis de comprender que vuestras palabras le llegan al interlocutor cargadas de multitud de giros y expresiones sin ningún valor informativo. Evitad por todos los medios prolongar más de la cuenta la conversación con el cliente y salir de allí, después de tanto parloteo, sin haber dicho algo interesante que lo predisponga a la compra:

«Este producto es muy bueno y se vende muy bien y no es muy caro...» es tanto como no decir nada.

Si ese producto es de calidad, habrá que explicar al cliente por qué. Porque lleva un nuevo componente, llamado equis, que duplica su capacidad para... y en lugar de «se vende muy bien», es preferible dar tres o cuatro referencias, cuanto más conocidas en el sector, mejor. Que el producto resulte caro o barato, lo va a decidir el cliente; por tanto a vosotros os corresponde aclarar por qué será beneficioso para su negocio: rentabilidad (con datos), posibilidades, demanda, ofertas, etc. Y aquí lo tenéis en síntesis pero antes, una aclaración; si lo leído no lo lleváis a la práctica, de nada os servirá:

— El precio pocas veces es decisivo para perder una venta.

— Cuando el cliente no presenta objeciones, la venta suele terminar en fracaso.

— Hablar en exceso siempre es perjudicial para los intereses del vendedor.

— La venta que más se repite es aquella que satisface las necesidades del cliente. Esto implica el uso de tres técnicas básicas:

Sondear: Recoger información y descubrir las necesidades reales del cliente.

Apoyar: Satisfacer esas necesidades con beneficios para ambos y pensando en el mañana.

Cerrar: Obtener su compromiso.

El vendedor de éxito es siempre parte de la solución, ve una oportunidad en cada problema, puede considerar que la negociación es difícil, pero siempre la considera posible.

❑ ❑ ❑

¿Qué causas provocan perder un pedido?, pregunté en cierta ocasión. Así me respondieron:

— La propia incompetencia.
— Darlo por conseguido sin haberlo cerrado.
— Anticipación: saltarse algún paso.
— No hacer suficientes preguntas.
— No prestar la debida atención a las respuestas y gestos del cliente.
— Seguimiento equivocado o insuficiente.
— Creer las objeciones del cliente y no rebatirlas.
— No convencer ni eliminar objeciones reales.
— Anteponer los intereses personales a los deseos del cliente.
— Dar por terminada la entrevista sin conocer con exactitud lo que buscaba el cliente.
— Ofrecer el producto inadecuado.

Os dejo espacio para añadir lo que os parezca oportuno y, luego, sacar conclusiones.

3
LOS SIETE MAGNÍFICOS

Utilizadlos solamente en caso de querer triunfar.

Entusiasmo:

Esforzaos en mejorar y alcanzar una meta, la que vosotros decidáis para cada día, pero siempre un poco más alta que la anterior. Acompañadlo con una lista de objetivos y ponedlos sin dilación en práctica. Pese a los obstáculos que se vayan presentando, seguid confiando en vuestro proyecto.

Una mirada comprometida vende más que un puñado de argumentos comerciales de libro. Si aprendéis a comunicaros apoyándoos en la expresión corporal, conseguiréis una exposición alegre y transmitiréis al cliente vuestro entusiasmo.

Un vendedor entusiasta recibirá los noes como parte de su trabajo, sin frustraciones. Disfrutará de cada venta y las verá triplicarse porque atenderá a cada cliente con renovadas ilusiones y confiado en sus posibilidades. O. S. Marden lo definió así: «*Encontraré mi camino o lo abriré yo mismo*».

Conocer al cliente, escucharlo:

Preguntad mucho —volvemos una y otra vez a lo mismo: a lo realmente importante—. A estas alturas del libro, quizá lo hayáis puesto en práctica. En vuestra cifra mensual lo habréis notado. Escuchad con atención, preguntad con inteligencia y hablad lo imprescindible.

Es lo que hacía Sócrates en las calles de Atenas, mayeútica, *el arte de descubrir la verdad a través del interlocutor.* Así lo define el Diccionario.

Sócrates preguntaba y callaba. Con ello pretendía que su interlocutor fuera quien sacara sus propias conclusiones. Nos lo explicó un guía griego en Katakolom a un grupo de turistas españoles: Sócrates simulaba ignorancia y preguntaba a los atenienses las cosas más obvias y sencillas, hasta sacarlos de quicio, hasta que de pronto brotaba la luz y su interlocutor comprendía lo que Sócrates, a través de preguntas, le había propuesto.

Sócrates se lo podía permitir. Vosotros procurad no sacar de quicio a los clientes.

Preguntad, sí, pero, ¡cuidado!, al vendedor le está prohibido ponerse cargante, no vaya a ocurrir que el único pensamiento del cliente sea cómo quitarse de encima al pesado de turno. El instinto vendedor os hará detectar cualquier gesto de interés o aburrimiento en el comprador. Observadlo con mimo, con interés y adelantaos al más ligero síntoma de nerviosismo o incomodidad que pueda manifestar. ¿Sonríe?¿Está cómodamente sentado? Bien. Por el contrario, si lo sentís tenso, con ganas de levantarse, concluid. Es muy probable que el cliente considere la conversación una especie de interrogatorio. Esta fase es sumamente delicada y, si lo percibís tarde, vuestra falta de tacto tendrá como consecuencia la pérdida del pedido.

Evitad que vuestra insistencia, pesadez, preguntas mal dirigidas, no escuchar... os lleven a cargar con la etiqueta de vendedor pelma. Cuesta menos conseguirla que lograr deshacerse de ella.

El cincuenta por ciento de una venta se basa en poner en práctica una adecuada selección de preguntas y respuestas. Si dudáis de esta realidad, experimentadlo durante los próximos dos meses. Ya me contaréis los resultados. Claro que, también podéis empeñaros en seguir igual, creyendo que sabéis todo, que vuestra técnica es la mejor y, además, convencidos de que no existen otras. En ese caso, barrunto que no os encontraréis entre los que superan la década.

Seguimos:

El cliente interesado muestra una actitud receptiva, mantiene vuestra mirada, las manos abandonadas, dispuesto a compartir las novedades de su negocio, sus inquietudes, sus alegrías. Escuchadlo sin interrupciones innecesarias (más adelante dedico un capítulo a este apartado). Al final de la charla conoceréis las motivaciones que lo inducen a la compra, al cambio, y podréis preguntarle:

—Si le he entendido bien, señorita Ramírez, lo que usted quiere es un corte de pelo actual, pero fácil de manejar, con las puntas recortadas y el flequillo a trasquilones, ¿es eso?

Si la señorita Ramirez sonríe, es que el estilista ha dado en el clavo.

Autocontrol:

«Tal vez no haya habilidad psicológica más esencial que la de resistir al impulso. Ése es el fundamento mismo de cualquier autocontrol emocional» (Daniel Goleman).

Un vendedor ha de mostrar, en todo momento y en toda circunstancia, autocontrol suficiente para no exteriorizar en exceso un estado de ansiedad, ira, miedo, rabia, frustración u otra emoción que nos deje a merced de los impulsos delante de un cliente. Pase lo que pase. Aun en la situación más extrema y desagradable, hay que saber controlarse.

Conocer y dominar vuestras aptitudes al igual que vuestras carencias, os será de gran ayuda. Arrogaos, de entrada, la responsabilidad por la actuación de todo vuestro equipo de trabajo. (Ya lo tratamos. Es muy importante y por ello insisto.) Si algo falla, en lugar de hundiros, soliviantaros, desencajaros o palidecer sin saber qué decir, echaos el asunto sobre los hombros. Os ganaréis el respeto del cliente y el respaldo de vuestros superiores. Mostrad ante unos y otros que estáis preparados para afrontar situaciones comprometidas y hacedlo de buen grado. Hará que siempre os tengan en cuenta.

Capacidad de trabajo:

Organizad el sistema de trabajo basado en un orden, el que cada uno de vosotros elija, el que considere que se adapta mejor a su temperamento, pero que sirva para cada día, de cada semana, de cada mes. Cuando digo un orden me refiero a unificar por distritos, por calles, por cercanía, los centros de trabajo de vuestros clientes. Mantened siempre a mano los impresos de las promociones mensuales, horarios de los clientes, ficha de compras, datos personales de interés. Es vuestra tarea acertar con el sistema óptimo y adecuarlo a la rentabilidad de cada cliente en tiempo y forma. Sólo recalco que trabajar ordenadamente y con disciplina es imprescindible en la tarea diaria del vendedor.

Uno de los retos más importantes de cualquier profesional de ventas es saber convertirse en su propio jefe. Dicho así parece muy sencillo. No os engañéis; encierra mucha dificultad. Estoy convencida de que entre mis lectores hay variedad de jefes, pero en este caso me dirijo a los que todavía no lo son.

Empezad por pensar que el vuestro se oculta en ese instinto vendedor del que ya hemos hablado y que os acompaña durante toda la jornada de trabajo, todos los días laborables.

Mientras preparaba vendedores pude constatar que, para la mayoría de ellos, mantener un horario estable y realizar un número de visitas fijado de antemano, representaba más esfuerzo que la venta en sí. Con frecuencia, estos profesionales cometen el error de trabajar a trompicones, según vaya el día, el estado de ánimo, las condiciones atmosféricas y la vida familiar. Si encima duele la uña meñique del pie derecho o los primeros clientes visitados no están por la labor de hacernos las cosas fáciles, es muy probable que la jornada se vea acortada. Error grave.

Quitaos de la cabeza, lo antes posible, la falsa idea de que vender es una tarea sencilla y que además permite escabullir con facilidad o disfrutar de libertad para intercalar otras actividades. Mejor abandonadlo ya. Los vendedores no tenemos horario y, además, el trabajo es muy absorbente. Una de vuestras obligaciones es preparar con detenimiento cada entrevista y otra, seguir atentos durante el transcurso de la misma cualquier cambio que se produzca sobre lo previsto. Una vez finalizada, todavía restará sacar conclusiones.

Es muy probable que sean los errores, si acertáis a reconocerlos, los que os den las pautas requeridas, e incluso las claves para cerrar satisfactoriamente la operación, si todavía estáis a tiempo.

Como ya habréis atisbado, completar con éxito una operación de ventas es incompatible con las máquinas tragaperras, excesos de cafés, compras semanales o visitas a familiares.

Se complementa con una estricta y bien organizada jornada de trabajo de ocho horas. La motivación, la perseverancia y el entrenamiento marcan la diferencia entre los mejores y el resto. Ya lo dijo Ortega y Gasset: «*Es siempre más fácil dejar de hacer que hacer*».

Empatía:

Interesaros por el punto de vista ajeno os permitirá imbuiros de las necesidades del cliente, conocerlas y lo que es más importante: comprenderlas.

Muchas veces el vendedor se empeña, por desconocimiento, en vender a todos los clientes el mismo producto novedoso o promocional y con demasiada frecuencia olvida ofrecer, o al menos recordar, la gama completa de sus productos.

Si mientras esperáis ser atendidos, o antes de llegar al domicilio del cliente, dedicarais unos minutos a repasar sus compras del último trimestre, a recordar las características más sobresalientes de su negocio, lo que hablasteis la última vez o lo qué podríais ofrecerle en esta ocasión procurando sorprenderlo, os pasmaríais de los resultados.

Si os preocupaseis por conocer qué le ronda al cliente por la cabeza: un capricho, una ampliación, un reto…, iríais derechos al tema y duplicaríais vuestras posibilidades de éxito. Comprendo que pueda resultar más relajante dedicar esos minutos de espera a hojear una revista o jugar con el móvil, pero os recuerdo las ventajas de tomar la iniciativa. El conocimiento de las necesidades del cliente os pone en primera línea de salida. Os adelantaríais a vuestros competidores en información, pero claro, esa superioridad os la tenéis que ganar. ¿Cómo? Vaya, me gustaría agitar mi varita mágica y dar con la técnica, pero no. Lo único que se me ocurre escribir son dos palabras: esfuerzo y acierto. ¿A que pensabais que iba a escribir «preguntad»?, podría haberlo añadido pero he querido sorprenderos.

Mariano Aguiló dejó escrito: «*Aquel que dice cuanto piensa, piensa muy poco lo que dice*».

Creatividad:

Aportad, siempre que os sea posible, ideas creativas que mejoren vuestra tarea comercial. Marcad la diferencia. Lo expuse con anterioridad, ¿recordáis? Esa diferencia se conoce como estilo propio.

La creatividad se encargará de impregnar con la «marca de la casa» cualquier tarea que desarrolléis. Imprimid su sello en vuestro trabajo y los demás lo reconocerán. Es lo que se llama crear escuela. Nunca os preocupe ser copiados. Es un halago. Cuando comiencen a hacerlo, felicitaos por ello. Es que habréis conseguido marcar la diferencia.

Por otra parte, el modelo original es el que perdura y sirve de muestra. Siempre os pertenecerá. La creatividad al servicio de la tarea diaria reflejará una nueva visión en vuestra forma de ser, de estar, de sentir, de informar, de culminar con éxito la venta más compleja.

Manejad a vuestro modo los pequeños detalles, de manera tan significativa, que se tornen únicos para el cliente. Aprovechadlos al máximo. Por ejemplo, podéis escribir un pequeño resumen de la conversación de ventas y entregárselo al cliente como recordatorio (guardaos siempre una copia). Exhibid una novedad con palabras pensadas para esa presentación, para ese producto. ¡Ay, la fuerza de la palabra! Con cuanta facilidad olvidamos su poder.

Argumentad las propiedades de los productos acompañándolo de los gestos que mejor os definan. Huid siempre de las conversaciones estereotipadas: «qué tal va todo» «pasaba por aquí y he aprovechado para visitarlo». Así, sin dar importancia alguna a la visita. «Pasaba por aquí…», qué descortesía para el cliente. Vosotros estáis allí, en el centro de trabajo del cliente, porque tenéis algo importante e interesante que ofrecerle.

Otras «joyitas verbales» a las que recurriría un vendedor mediocre serían hablar del tiempo, de la crisis (para los negativos siempre estamos en crisis), lo flojo que está el sector... o preguntarle si «no necesita nada», que es lo más apropiado si lo que pretendéis recibir por respuesta es «no, no necesito nada. Es verdad. Está todo tan parado...». Al cenizo, al pesimista, al triste, no lo consideré entre los tipos de vendedores porque, si no cambia, nunca llegará a serlo.

Nada menos que Goethe dijo: «*Cuando una persona no se encuentra a sí misma, no encuentra nada*». Interesante, ¿verdad?

❏ ❏ ❏

Vuelvo a «El viaje de Teo», concretamente el párrafo que describe la cuarta noble verdad del budismo.

La tía Marthe le dice a Teo:

«*Pues mira: es la Vía del medio. Buda nos habla de un camino o vía de ocho etapas. Éstas son: tener conocimiento, actitud, palabra, acción, vida, esfuerzo, pensamiento y concentración*».

Poco importa a qué os dediquéis. Todo, de una forma u otra, desemboca en los mismos principios. Si los aceptáis, cualquier camino os llevará a la armonía, a la creación, a sentiros mejor con vosotros y con los demás. También a vender.

Seguimos:

Pensad, discernid entre lo importante y lo superficial y actuad. Tal vez no acertéis a la primera. Bueno, ¿y qué? Seguid intentándolo. Ensayad, si fuera necesario, hasta que los argumentos convincentes fluyan con naturalidad.

Me parece oportuno aclarar qué entiendo por razonamiento claro. No creerse en posesión de alguna de esas verdades absolutas, tan irreales como peligrosas. Aceptar con respeto opiniones distintas a las vuestras os facilitará la comprensión sobre las múltiples soluciones existentes para un mismo asunto. Si os mostráis flexibles con vuestro interlocutor, le haréis sentirse cómodo y vosotros también lo estaréis —recordad al dependiente insolente. Por favor, no lo imitéis.

A lo ya expuesto, unidle rapidez de reflejos para detectar lo que el cliente os demanda. Desechad frases tan negativas como la que pusimos de ejemplo con el mismo tipo de dependiente: «Es que no me está entendiendo». El cliente no es tonto. Os entiende a la primera, siempre que vosotros os expliquéis con claridad. Simplemente, no lo habéis convencido con vuestros argumentos. Este tipo de frases, ya lo dije, crean rechazo: «Claro que he entendido, pero no me interesa lo que usted me ofrece».

Cometer de forma contumaz los mismos errores es elegir perder muchos pedidos y algunos clientes. A ninguno de nosotros nos gusta que nos traten como si padeciéramos de necedad crónica, y menos aún, que nos lo den a entender con una actitud prepotente. El desencuentro entre ambas partes es inevitable.

En ventas, cuidar las formas es tan importante como conocer el fondo. No busquéis culpables externos a una mala gestión comercial. Vuestra es la responsabilidad; las preguntas y respuestas están ahí, esperando que las toméis:

—Tal vez no me he explicado con claridad…

Bastante más suave, ¿no? Al menos habréis logrado que el cliente no se sienta tratado como si fuera tonto de capirote: «No me está entendiendo usted». Sólo es susceptible de ser empeorado si además lo acompañáis de algún gesto reprobatorio.

Ya podéis recoger la cartera y salir de allí rápidamente. No habrá pedido.

Me viene a la memoria una frase de Emerson: «*Nuestro carácter es el resultado de nuestra conducta*». Empezad por actuar como queréis llegar a ser y lo conseguiréis.

Perseverancia:

«*Firmeza y constancia en la ejecución de propósitos y resoluciones o en la realización de algo.*» Así lo define un diccionario de lengua española.

«*Para ser un buen científico se necesita perseverancia en el trabajo.*» Es el ejemplo aclarativo del significado de la palabra que me he encontrado en el Diccionario. ¿Qué os decía? En cualquier lugar encontramos ejemplos. Lo que sirve para un científico es igualmente válido para un vendedor.

En la tercera parte, en el epígrafe dedicado a los propósitos, recordaremos de nuevo el significado de perseverancia.

4
VENDER

Aquí tenéis de nuevo una definición de diccionario. «**Vender:** *Referido a algo propio, cederlo u ofrecerlo a cambio de un precio convenido*».

Os lo voy a poner un poco más difícil. Las líneas en blanco esperan vuestra aportación. ¿Qué significa vender?

_____
_____

Bien. Ahora comparadlas con la de otros profesionales:

— Convencer a alguien para que adquiera algo que no necesita.

— Crear necesidad.

— Ayudar al cliente.

— Satisfacción económica para el vendedor.

— Un estilo de vida.

— Un trabajo que cuesta rematar.

— Un arma de seducción.

— Satisfacer necesidades.

— Entender lo que quiere el cliente.

— La actividad con la que me gano la vida.

— Fomentar ilusión.

— Captar y complacer un deseo.

— Una satisfacción similar a cuando seduces, porque sientes que has transmitido tus emociones, que has conectado con otra persona.

— Ayudar al comprador a elegir.

— Ofrecer algo a cambio de dinero.

Si me preguntarais qué es vender, respondería que compenetración. Una pareja de baile bien conjuntada: cliente-vendedor. Así entiendo la venta. Su belleza reside en la armonía; en el entendimiento de ambos bailarines: danzan al mismo son y disfrutan al ejecutar cada movimiento, tanto el que dirige como quien se deja llevar. Nada de giros bruscos ni pasos desentonados. El mérito estriba en comprenderse mutuamente a través de una ligera indicación, una mirada apenas perceptible. Comprender hacia dónde quiere ir, captar el paso siguiente y acompañarlo. En suma, conseguir que la pareja se entregue. El resultado: satisfacción para ambos.

Todo cuanto miro, escucho, leo y observo me ha servido de inspiración para crear mi estilo de venta: Armonía de intereses, de entendimiento y comprensión. Ceder, pedir, avanzar, negociar... un punto de encuentro en beneficio de ambas partes.

TERCERA PARTE

1
DIEZ IDEAS QUE MARCAN ESTILO

En esta parte seguiré utilizando los mismos ingredientes que en las dos anteriores. Los únicos que en realidad me interesan. Eso sí; varío la receta. Voy a pormenorizar cada paso.

«Todo está dicho, pero como nadie escucha...», por lo que, seguiré insistiendo hasta lograr que los fundamentos básicos de lo que entiendo por venta, queden grabados en vuestra esencia de vendedores. Hasta conseguir que no necesitéis pensar en ellos, porque ya formarán parte intrínseca de vuestro trabajo diario. Hasta que las palabras broten espontáneamente.

Todo fluye: Lo dijo Heráclito aproximadamente 500 años antes de Cristo. *«Todo fluye. Todo está en movimiento y nada dura eternamente. Por eso no puedo descender dos veces por el mismo río, pues, cuando desciendo por segunda vez, ni yo ni el río somos los mismos.»*

Vamos a detenernos unos momentos en la última frase: *«ni yo ni el río somos los mismos»*. Entonces, si todo fluye, si todo se renueva para avanzar, ¿por qué ese empeñamiento de muchos vendedores en emplear siempre los mismos argumentos, las firmas fórmulas, incluso palabras calcadas, si realmente de una visita a otra, de una venta a la siguiente, ni el cliente, ni las circunstancias, ni el propio vendedor, son los mismos?

No pretendo despistaros ni jugar a contradecirme. Recuerdo lo dicho con anterioridad y lo mantengo: *«los argumentos que proporcionan buenos resultados, hay que repetirlos y los que no, desechar-*

los». No voy a cambiar una coma del párrafo anterior ni del siguiente. Porque, aun aceptando que sendas opiniones pudieran apreciarse como contradictorias en una primera lectura, no lo son. Al contrario, se complementan.

Estaremos de acuerdo si expongo que cada cliente es único en un momento determinado. Por tanto, el mejor argumento, ese que tan buen resultado os dio en la anterior visita, es probable que no sirva para la siguiente.

El ánimo, los deseos, las necesidades e ilusiones del cliente habrán cambiado. Igual que vosotros. Esas variaciones —me refiero a cómo os encontráis ese día— serán casi imperceptibles, pero suficientes para que el cliente intuya las vuestras y viceversa y, sin percataros de ello, vosotros y él lo valoraréis en forma positiva o negativa. Por tanto, aprovechad siempre que lo consideréis adecuado un argumento que haya demostrado su eficacia; terminará formando parte de vuestro patrimonio como vendedores. Saber manejarlo, utilizarlo con distintos matices según cómo evolucione cada una de las entrevistas de ventas, será, sin duda alguna, mérito vuestro. Pero, ya hemos descubierto que hay distintas formas de enfocar el mismo asunto y precisamente eso es lo que quiero resaltar.

Cambian los gustos, las modas, las técnicas, los lugares, las formas... y habéis de estar en sintonía con ese fluir, con esa renovación constante.

Fluir significa brotar, discurrir con facilidad. Otra acepción lo define como «abrirse a nuevas experiencias y aprendizajes». Si todo cambia, si el fluir es constante, retrocede quien se para. ¿Qué ocurriría si dejarais de aprender? Me atrevo a confirmar que menguaríais en talento. Lo que no mejora, fluye o crece, termina muriendo.

En el sector de las ventas la vanidad es mala compañera. No beneficia mucho convencerse de que ya se ha llegado, de que se sabe todo sobre esta profesión. Lo único que conseguiréis será retroceder, perder cuota de mercado y convertiros en un vendedor de temporada.

Parar es un error que se paga con pérdida de prestigio ante el cliente, y también de dinero contante y sonante. El que dejaréis de ganar cada vez que otro vendedor más polifacético se cruce entre el cliente y vosotros.

En ventas, como en cualquier otra profesión, si aspiráis a estar entre los mejores, **evolucionad.** Dejar que el aire se renueve entre el material de trabajo. Revisad los sistemas y desechad los que estén obsoletos. Buscad con ahínco nuevas fórmulas, palabras, ideas, y mantenedlas actualizadas. Si aceptáis como natural el hecho de que todo fluye, seréis capaces de crear, y ello os distinguirá de los competidores.

Platón pensaba que en lo profundo de cada cosa concreta se encontraba la idea de ese objeto. Dar con esa idea era descubrir el objeto, mejor aún, dotarlo de vida.

Es probable que vuestra forma habitual de saludar, tal vez acompañada de un chiste, de un comentario banal, os haya proporcionado buenos resultados hasta ahora, pero, ¿y si probarais a hacerlo de distinta forma? ¿Qué ocurriría si mañana saludarais al cliente dirigiéndole una frase amable, pero también sincera, hacia su persona, su centro de trabajo, o un empleado? Por ejemplo: resaltar el favorecedor color del nuevo uniforme, la presencia de unas flores, el portátil que acaba de estrenar... Si os negáis a poner nuevas técnicas en marcha, nunca sabréis qué hubiera sucedido.

Si decidís fluir, dad nuevos aires a la tarea diaria y cambiad el saludo; por favor, buscad en el entorno del cliente aquello que realmente merezca ser ensalzado. Ante un peinado, un cambio de mobiliario, una nueva decoración, o cualquier otra cuestión que os parezca poco acertada, silenciar el asunto es lo más conveniente. Siempre encontraréis algo que merezca ser resaltado. No es que critique el típico saludo con frase jocosa y mención del tiempo incluida, simplemente pretendo destacar que existen múltiples maneras de hacer las cosas. Incluso de saludar.

Sigo en mi línea fundamental: reflexionad sobre vuestras carencias si queréis vencerlas. ¿Qué la segunda o tercera negativa del cliente os abruma y empezáis a tartamudear y las palabras se estancan en la garganta? Bueno, falta de práctica. No pasa nada. Lo habéis detectado y es lo que importa.

Pronto utilizaréis otros argumentos, otras técnicas.

¿Veis? Ha fluido la comunicación y con ella, nuevos conocimientos y transmisión de ideas que de seguro facilitarán el mutuo entendimiento.

2
A PROPÓSITO DE LOS PROPÓSITOS

«Muchas personas con coeficiente de inteligencia 160, aunque con escasa inteligencia interpersonal, trabajan para gente que no supera el CI de 100 pero que tiene muy desarrollada la inteligencia interpersonal.»

Comienzo con una realidad constatada por todos nosotros, a la que hago mención en un capítulo anterior. El párrafo en cuestión lo cito del libro *Inteligencia emocional*. Se refiere a una charla que dio H. Gardner, psicólogo de la Facultad de Pedagogía de Harvard.

Sin propósito previo, no se llega a parte alguna. —¿Recordáis lo escrito acerca de la perseverancia? Pues es el momento de releerlo y ponerlo en práctica sin dilación.

He de aclarar que los propósitos a largo plazo representan más una carga que un estímulo para los vendedores. En poco o nada contribuyen a mejorar resultados.

Para que un propósito resulte estimulante, se ha de programar con criterio realista, de este modo, siempre será alcanzable. Comprometido y arduo, también, pero, sobre todo, a corto plazo. Es mejor mantener un solo propósito hasta su cumplimiento que manejar veinte bailándonos por la cabeza. Esto suele ser infructuoso.

En cualquier actividad, la acción prevalece sobre la teoría; en ventas, actuar es imprescindible.

Si decidís que doce visitas diarias son las idóneas para alcanzar vuestros objetivos, comenzad a realizarlas hoy mismo. Y perseverad. Optar por dejarlo para mañana, no servirá. Sólo conseguiréis sentiros deprimidos y fracasados.

Cuando era pequeña, en la pescadería de mi barrio colocaron un cartel de unos tres metros de largo por dos de ancho (al menos en mi recuerdo vive con esas dimensiones): *«Hoy no se fía, mañana todo el día»*. Ya sé que la frase es archisabida, no busco la originalidad, sino la eficacia. Lo que quería compartir con vosotros es la fuerza con que esas palabras se grabaron en mi mente de niña. Las sentía como un concepto absurdo, inexplicable, una tontería más de los adultos. Ese mañana no existía. Entonces, ¿por qué Mariano, el pescadero, le daba tanta importancia? Ocupaba todo el frontal de su pescadería.

Han transcurrido cincuenta años y sigo creyendo que ese mañana no existe. Los propósitos, o se utilizan aquí y ahora, o no merecen llamarse propósitos.

He dedicado suficientes horas a la preparación de vendedores, —y digo preparar en lugar de enseñar, porque nadie es capaz de enseñar, si el alumno no quiere aprender— como para asegurar que, transcurrido cierto tiempo, el perfil del equipo se unifica hasta llegar a haber características comunes entre personas muy dispares. Sin embargo, hay un signo que siempre los distingue, los clasifica: Todos los ganadores muestran una línea similar de actuación y lo mismo sucede con los perdedores.

Antes de acabar el primer año como vendedor, ya se puede vaticinar, con muchas probabilidades de acierto, quiénes se dirigen hacia el éxito y quiénes se quedarán a medio trecho. Igualmente se reconoce a los que abandonarán al primer envite fuerte.

Lo transmiten sus miradas entusiastas o desconfiadas, su capacidad para asimilar la parte emocional de la venta o su cerrazón ante el mínimo comentario que no esté de acuerdo con sus ideas racionales, pero aún inamovibles. Se percibe en la forma optimista de llevar a cabo los propósitos: *Sí puedo. Sí quiero. Voy a conseguirlo. Me interesa,* en contraste con las dudas que atenazan a los menos convencidos: *Es que mi zona... Es que esa oferta... Es que las condiciones...*

Esto aún se hace más notorio cuando el jefe de ventas, o el encargado de un centro de trabajo o comercio, proponen iniciativas, estrategias comerciales, promociones, etc. Y me refiero a promociones mensuales o quincenales. Ya dije que no soy partidaria de presentar propuestas a largo plazo para un equipo comercial. Pierden fuerza.

Estoy convencida de que cualquier vendedor puede entusiasmarse con unos objetivos tangibles: semanales, mensuales; voy a ser generosa y aceptar hasta un trimestre, pero no más; se desinflan por el camino y, sin entusiasmo, no hay meta alcanzable. Por eso, cuidado con los propósitos. Mejor pocos y a diario, que muchos anuales. Insisto: no sirven de casi nada.

El optimismo con que acogen cualquier nuevo proyecto los vendedores seguros de sí mismos es su mejor aval. Como contrapunto hallamos a los inseguros. Los que habitualmente muestran, al menos de entrada, un rechazo visceral hacia el mínimo cambio que repercuta en su trabajo. No son amigos de propósitos porque los atenaza el miedo a incumplirlos.

Y hablando de propósitos... ¿Soléis tener en cuenta que, del total de los argumentos esgrimidos en cualquier tipo de conversación, no retenemos más del diez por ciento de lo expuesto? Ahora os preguntaréis a qué viene esto. Pues a recordaros que un buen propósito para este trimestre sería conseguir que vuestras exposiciones fueran brillantes y a la vez sencillas; sin palabras rebuscadas ni divagaciones. De lo contrario, es muy probable que el cliente, reteniendo ese diez por ciento de lo expuesto, se quede sin saber lo que queríais transmitirle. Sin entendimiento, es imposible que surja el pedido. Por tanto, ahí va un propósito: Haceros entender.

Quizá ya estéis hastiados de tanta reunión comercial como os imponen en vuestras empresas. De tanto propósito incumplido... Aunque así sea, leed lo que sigue. Tiene mucho que ver con los propósitos, la importancia de escuchar, retener, atender.

Aunque lo cuente en plan anecdótico, lo reconoceréis como un hecho habitual en este tipo de reuniones.

Imaginaos a vuestro jefe de ventas comenzando a leer los datos comerciales del último mes, pongamos por caso. Seguramente, una vez acabada la lectura, el jefe de ventas, como cualquier otro jefe, expondrá que el mes podría haber terminado mucho mejor si el equipo se hubiera esforzado en vender las unidades previstas del nuevo producto (pongamos, por ejemplo, una crema nutritiva que en su día fue presentada al equipo con todos los datos correspondientes y que se ha vendido menos de lo esperado). Siempre surgirá la voz de un vendedor:

—Ah, pero, ¿es que teníamos esa promoción? Pues ahora me entero, porque a mí nadie me había informado...

En ese momento, al jefe de ventas se le desencaja la mandíbula, o se le desorbitan los ojos, y tiene que hacer acopio de toda su entereza para no lanzar al susodicho vendedor la carpeta que aún tiene entre las manos. Para superar esos olvidos tan «suyos» que todos los vendedores padecen, recomiendo a los jefes de ventas contar hasta cincuenta antes de contestar al vendedor despistado; ¿queda bien definirlo como despistado? ¿No es ofensivo? Lo dejaremos así. Claro que, a veces, contar hasta cincuenta no es suficiente y entonces hay que retirar del alcance de su mano —de la del jefe de ventas— todo objeto contundente que hubiere sobre la mesa. Es una buena medida de seguridad.

—¡García! Llevo tres semanas repitiendo en la reunión lo de la promoción de la crema con rosas de pitiminí, ¿en qué piensas mientras me desgañito diciendo todo el día lo mismo?

—Ah, pero te referías a las rosas de pitiminí, cuando hablabas de promoción. Sí, claro. Se me había olvidado.

Desde luego, entre los propósitos de García no figuraba ese mes aumentar las ventas de rosas de pitiminí. Si él pensaba que tomar un apunte y olvidarlo *ipso facto* actúa como propósito de venta, estaba totalmente equivocado. Los resultados de sus pedidos de rosas de pitiminí me darían la razón.

¿En cuántas visitas, durante las tres semanas de promoción vigente, se supone que García habría ofrecido la crema a sus clientes? En ninguna. Y el ejemplo sirve lo mismo si nos referimos a un establecimiento. Olvidadas, cubiertas de polvo en su estantería, se quedarían las rosas de pitiminí si el dependiente de turno todavía es de los que practican eso de que «el buen paño en el arca se vende». En la actualidad, sin promoción, sin presentación, sin propósito de venta, no existe pedido. Demasiadas opciones con similares características. Se vende lo que se enseña y, para hacerlo, primero hay que proponérselo con la firme voluntad de llevarlo a cabo.

Otro propósito de inmediata puesta en práctica: reducid la exagerada propensión a quejarse que exhiben la mayoría de los vendedores. Resulta decepcionante observar a un grupo de profesionales aguerridos y considerados avanzadilla del progreso, comportarse en las reuniones de empresa como plañideras. Son capaces de inventar las justificaciones más inverosímiles, si buscan esconder unos pésimos resultados.

Sería más productivo por parte vuestra, analizar cada negativa del cliente hasta dar con las auténticas causas que en realidad provocan pérdidas de pedidos. Y hacerlo con objetividad y cierta autocrítica constructiva. Achacar vuestros errores a fallos ajenos es abocaros al fracaso sin remisión.

¿Cuántas veces habéis reaccionado poniéndoos a la defensiva a la vez que culpabais de vuestras pésimas cifras a circunstancias externas?: A que vuestras empresas no sirven a tiempo, no son competitivas, no ofrecen las mejores ofertas. Ya puestos; a que tenéis muchos gastos y poca comisión y eso os desanima. A la falta de apoyo publicitario. A que el tamaño del producto no es el que demanda el mercado, o el color, o la forma. A que vais cargados como mulas, y para nada. A que nadie valora vuestro trabajo como se merece, con lo que vosotros os esforzáis... ¿Os suena?, ¿sois partidarios de lo que yo llamo «terapia del llanto», ¿sí? Pues lo siento por vosotros. Menos excusas y más propósitos cumplidos, llenarían de dinero la cartera y de satisfacción vuestro ego.

No permitáis que la autocomplacencia o, lo que todavía es peor, la autocompasión, os hunda en la mediocridad de un mal trabajo. Don Maquis dijo: «*la dilación es el arte de mantenerse al día de ayer...*».

Tened muy claro que, lo que dejéis de vender hoy, no lo recuperaréis mañana.

La dilación, las excusas, casi siempre van unidas a falta de organización, de planes concretos, a no discernir entre importante y urgente. Todo esto se traduce en abarcar poco y mal: agobios, frustraciones…, en suma: a sentiros derrotados y a punto de caer en la tentación de creer que los propósitos no sirven para nada en esta profesión, porque siempre hay alguien dispuesto a fastidiároslos.

Volvamos por unos instantes a la reunión de ventas. Es conveniente y recomendable, como no, protestar cuando existan causas reales para ello. Pero, sobre todo, y en interés vuestro, proponeos atender y enteraros de lo que allí se informa y se presenta.

Genera más ventas una oferta bien estudiada y puesta en práctica cada día, que mil excusas inventadas. Ahora, alguno de vosotros se estará preguntando si ya estoy al corriente de que las promociones se entregan a los vendedores por escrito o a través de las PDA. Así sucede en la mayoría de las ocasiones, pero como García, hay muchos vendedores que no leen los papeles que se les entrega.

Otra sugerencia: Pegad un post-it con el propósito del día en la tapa de la agenda, de la cartera, del bolso, colocadlo cerca de la caja, del mostrador, del ordenador, bloc de notas, qué sé yo; donde más lo veáis.

No importa que el propósito refleje no bajar de las diez visitas diaria, atender con la misma sonrisa al primero y último clientes, escuchar con atención, eliminar el nefasto: *¿no necesita usted nada?*, o vender esa semana la oferta que un jefe de ventas obstinado se empeña en traspasaros. No importa. El mérito radica en cumplirlo cada día hasta que os salga de forma inconsciente. Entonces, habrá llegado el momento de cambiarlo por otro.

3
LA PRIMERA IMPRESIÓN SÓLO ES LA PRIMERA IMPRESIÓN

Las palabras, tan hermosas en esencia, a veces, por maltrato o pésima utilización, sólo sirven para distanciarnos a los unos de los otros. Sin embargo, los gestos son universales. Para el investigador Albert Mehrabian, el componente verbal no supera el veinte por ciento de la comunicación. En cada encuentro, emitimos y recibimos distintas señales emocionales que sirven como indicadores no verbales de lo que en ese momento estamos percibiendo. Querámoslo o no, según la interpretación dada a esas señales, nos condicionan positiva o negativamente.

Sin proponérnoslo, percibimos el sentido alegre de una carcajada o la tristeza que acompaña al llanto. Respondemos de distinta forma a un gesto huraño que a una mirada franca. Simplemente enviamos un mensaje y el destinatario lo procesa basándose en lo que detecta a través de nuestra expresión facial. Por tanto, nos conceptúan por lo que transmitimos.

Hasta aquí parece sencillo, pero no lo es tanto cuando mezclamos lenguaje y expresión corporal, y uno se va hacia la derecha, y la otra hacia la izquierda. Entonces, una carcajada puede sonar a insulto y una palabra de amor, apática. ¿Acaso no pensaríais que vuestra pareja os está tomando el pelo si os dijera «te quiero» mirando a la acera de enfrente?

Os propongo un interesante y sencillo ejercicio para los próximos días: observar. Sed conscientes de vuestros gestos y de las reacciones que suscitan en las personas de vuestro entorno. No se requiere un esfuerzo especial, simplemente prestad atención a los mensajes que enviáis y a los que os lleguen desde el exterior. Observad cuál es vuestra reacción en cada caso. Así podréis comprobar, por vosotros mismos que, cuando una persona sonriente se os acerca, le devolvéis la sonrisa. Cuando se muestra preocupado, tomáis esa misma actitud y, si os percatáis de su desdén, inconscientemente os resultará antipático.

Por lo expuesto, deducimos que los seres humanos tendemos a convertir los mensajes en impulsos internos que rebotan y vuelven al exterior en forma de gestos.

Esta reacción es la causante de que más del sesenta por ciento de nuestros juicios de primera impresión sean erróneos. Por tanto, cometeríamos una injusticia si, basándonos en la tan manida frase «la primera impresión es la que cuenta», juzgáramos a las personas por ese primer contacto, negándoles una segunda o tercera oportunidad. La primera impresión es sólo la primera impresión, no lo olvidéis. Lo inteligente será rectificar el criterio inicial en función de lo que vayamos descubriendo. La primera impresión no debería determinar nuestras relaciones con el resto de la humanidad.

Reconozco haber formado decenas de veces un dictamen erróneo basándome en la primera impresión. Si me hubiera negado una segunda y tercera oportunidad, habría perdido la ocasión de relacionarme con estupendos amigos, grandes clientes e infinidad de personas interesantes que no me llegaron ni al corazón ni a la cabeza cuando los conocí. Probablemente porque mi corazón o mi cabeza, en ese momento, no estaban preparados para reconocer su valía. Por puro convencimiento, hace tiempo elegí no basarme en esa primera impresión, sin antes dar una segunda y tercera oportunidad.

Imaginaos por un momento que sois vosotros quienes causáis esa pésima primera impresión al cliente —un mal día lo tiene cualquiera—, ¿os gustaría que os dieran una segunda oportunidad? ¡claro que sí! De producirse, seguro que os preparabais a conciencia dispuestos a sacarle el máximo provecho.

Pero, ¿y si el cliente es de los que todavía valoran según una primera impresión? Lo mejor es que no lleguéis a descubrirlo. Aprovechad la primera visita: mostrad un aspecto cuidado, sencillo y elegante, nada que resalte en exceso, ni los colores siquiera. Semblante amable, argumentación medida, preguntas muy bien planificadas… quizás el vendedor se la juegue en el primer contacto si topa con un cliente excesivamente severo. Sin embargo, vosotros ya sois profesionales del trato con el público y, por ello, estáis obligados a comprender las reticencias iniciales que muestran a veces determinados tipos de clientes. Y aun así, ¿incurriríais en el mismo error que ellos? Supongo que no. Por tanto, absteneos de juzgar o tomar decisiones apresuradas hasta ver qué sucede en el segundo y tercer encuentros. Desechad emitir juicios de valor; influyen demasiado en el posterior desarrollo de cualquier tipo de relación.

Basándome en la experiencia, afirmo con rotundidad que es un error descartar a primera vista a un cliente simplemente porque os haya parecido insoportable, inabordable y además sintáis que os ha mirado mal. Es una apreciación demasiado subjetiva.

Si os basáis en lo sucedido en una primera visita para decidir que nunca llegaréis a venderle un céntimo, así será, pero os estáis precipitando.

Daos otra oportunidad, incluso aunque os haya saludado con desgana, apenas os haya mirado o, por el contrario, si os ha fulminado al deciros que no necesita nada y que, además, ya cuenta con proveedores habituales. Incluso así, antes de decidir, por favor, permitíos un par de contactos más, como mínimo.

Recuerdo, hará unos veinticinco años, una primera visita que reunió todos los requisitos para no insistir. Por fortuna, los retos y las dificultades me estimulan. Así que no me di por vencida.

En mi lista de clientes me encontré una dirección que era simplemente eso, una dirección más de las quince que me había propuesto visitar cada día hasta finalizar la primera vuelta por mi nueva zona. Acababa de aterrizar en el mundo de las ventas, pero la cuestión del orden y los sistemas de trabajo los tuve claros desde el principio; en realidad, no me costó esfuerzo poner en marcha la primera lista de propósitos que, con el transcurso del tiempo, me ayudaron a conseguir muchos de mis objetivos.

En aquella visita, no es que la dueña descartara atenderme antes de saludarme, ni que, al menos por cumplir, me despidiera con una palabra de ánimo para la próxima entrevista. ¡Es que no me dejó pasar a su centro de trabajo! En vez de eso, se cuadró en la puerta de su gabinete y allí me dejó: en el descansillo de la duodécima planta de una céntrica calle de Madrid oyéndola decir, en un tono de voz altanero e insolente, mientras levantaba el labio superior con aire de prepotencia, que no se me ocurriera volver, que era tiempo perdido y que, en tanto representara a la misma firma, nunca me atendería.

—Su dirección está dentro de mi zona. Si no volviera a visitarla, sentiría que no cumplo con mi obligación. —Y además, sonreí.

En las dos visitas siguientes —porque regresé transcurrido un mes—, sólo conseguí que ampliara un palmo la abertura de la puerta.

En la cuarta ¡me pareció hasta receptiva! Su mirada agresiva se tornó respetuosa. Incluso, me atrevo a decir que mi perseverancia le causaba un puntito de admiración.

—Pasa. —¡Por fin lo dijo!

En el pasillo, junto a la puerta de entrada, las dos de pie, una frente a la otra, apoyadas en ambas paredes, se avino a explicarme la causa de su enfado con la firma que yo representaba. Dejé que se explicara a gusto, sin interrupciones, lo que me permitió enterarme, entre otras muchas cosas interesantes, de que a ella le molestaban los vendedores «listillos, sabelotodo y que se creían infalibles en sus explicaciones». Sólo atendía a vendedores que entraban en materia, sin hacerle perder el tiempo, los que con tres o cuatro explicaciones claras la ponían al día de las novedades (porque a ella le sobraban conocimientos para saber de qué iba cada producto) y, sobre todo, mostraba sus preferencias por aquellos que le presentaban ofertas interesantes. Me dejó muy claro que no recibía a ningún vendedor sin cita previa y que me podía sentir muy satisfecha por el rato de charla con que me había obsequiado.

Al día siguiente se lo notifiqué a mi jefe de ventas, y aproveché para recabar información sobre lo sucedido. No pude averiguar demasiado, pero al menos me enteré de la causa última: un pedido mal ofertado y por un importe muy superior al que ella solía comprar.

—¿Puedo regalarle una caja de ampollas tensoras?

Mi jefe no me puso objeciones. Eran la última novedad de la firma; el producto que más vendí ese otoño.

Concerté por teléfono la quinta visita y una vez en su gabinete, ¡ambas sentadas!, tuve la oportunidad de explicarle los cambios habidos en la dirección de la firma que entonces representaba: le entregué la caja de ampollas a la vez que le manifesté las disculpas del director comercial y del resto del equipo. No hablamos de ventas. Me dijo que tenía tres hijos, igual que yo, y que los fines de semana le gustaba subir a El Escorial. Durante casi una hora, conversamos sobre el Monasterio, la gama de marrones del otoño, sus chicos, su madre, su marido. Me explicó su teoría sobre la estética y por qué le gustaba trabajar sola. Me limité a dejarle información de las promociones en vigor y me despedí. Al mes siguiente conseguí su primer pedido. Durante cinco años fue una de mis mejores clientes.

¿Por qué insistí? Además de porque estaba en mi zona, su ficha en mi cartera y era mi obligación, porque así me lo sugirió mi instinto vendedor. Intuí que la clienta quería una disculpa que le permitiera hacer un punto y aparte digno. Lo que realmente le apetecía era volver a comprar los productos que durante muchos años había usado con excelentes resultados. Le brindé esta oportunidad y las dos quedamos contentas. Y, por supuesto, no me dejé llevar por la primera impresión.

4
LO MÁS IMPORTANTE DE LA VENTA ES VENDER

Es obvio, elemental. ¡Por supuesto que lo más importante de la venta es vender! Entonces, ¿por qué no lo hacéis? ¿Por qué de cada diez visitas, un día considerado bueno, obtenéis una media de tres, cuatro pedidos cuando podrían ser diez?

En esta ocasión recurro de nuevo nada menos que a Séneca: *«Nuestros planes salen mal porque no tienen objetivo. Cuando un hombre no sabe a qué puerto se dirige, ningún viento es favorable»*.

Para triunfar, da igual la profesión o la etapa de vuestra vida, es imprescindible tener claro los objetivos. Los que os dedicáis al comercio, a las ventas, todavía más. Incluso, visualizarlos. ¿Y esto cómo se consigue? Pues, en primer lugar, anteponiéndolos al resto de pensamientos que ronden por vuestra cabeza. En segundo lugar, recordándolos cada día.

Ya que intuyo unanimidad de criterio sobre el título de este capítulo, me gustaría que comenzarais a considerarlo como vuestro primer objetivo, desde ahora mismo.

Otra obviedad —diréis—, a esta mujer se le ocurre cada cosa... ¡faltaría más —refunfuñaréis indignados. Si somos vendedores, nuestro primer objetivo es vender. ¡Menuda novedad!

De acuerdo; me siento predispuesta a creeros. Vuestro primer objetivo es vender: ¿qué hacéis para conseguirlo?

—No hace falta hacer algo especial. Lo que buscan todos los vendedores es vender, y cuanto más, mejor. Eso lo sabe todo el mundo.

Me ha llegado vuestra respuesta al unísono.

Casi me habéis convencido. Parecéis tan seguros, tan confiados, que me duele reconsiderar este asunto y ajustarlo a mi experiencia, pero lo voy a hacer —me refiero a reconsiderar este asunto desde mi punto de vista.

Si vuestro primer objetivo fuera vender, venderíais lo que os propusierais.

Volvamos al principio de este capítulo: lo importante de la venta es vender. Sí, lo sé; os canso con las repeticiones. Bien, explicarme lo qué hacéis para vender. No, nada de eso, no es una respuesta con truco la que estoy esperando. Es simplemente una respuesta convincente. Por ejemplo, que para vender hay que aceptar, comprender y poner en práctica que **no existe venta sin cierre**. Repetíoslo muchas veces, por favor. Sí, reconozco que soy pertinaz, pero vosotros reconoced que no existe venta sin cierre, y ya habremos adelantado un buen trecho. Lo demás, creedme, son fantasías.

Seguro que en más de una ocasión os habréis encontrado con un pedido regalado. Y seguirán llegando. En vez de llamarlo regalo, lo consideraremos fruto de vuestro trabajo, sobre todo, de la perseverancia, pero no confundáis: La venta de verdad comienza cuando el comprador deja de pedir. Cuando dice no. Lo anterior es recoger pedidos, llegar a tiempo, que está muy bien porque, para llegar a tiempo, hay que estar allí. Sin embargo, para cumplimentar una venta —y me remito a lo dicho por un grupo de vendedores ¿recordáis?—, hay que crear una necesidad y cerrar la operación. Solamente cuando se dan estas dos premisas, se remata la venta.

Proponeos vender cada día una cantidad concreta. ¿Qué tal la media diaria de la cifra mensual que deseáis alcanzar? Sí, habéis leído bien. He escrito vender cada día la cifra elegida por cada uno de vosotros. Existen cientos de vendedores que se conforman con ejercer de visitadores, asesores, divulgadores u otros nombres bonitos que os apetezca inventar. Realizan su trabajo confiando en que los pedidos lluevan del cielo. Quizá por ello no se molestan en preparar cada entrevista, ni en mostrar la mercancía. Tal vez opinen que dar a conocer las novedades resulta una pérdida de tiempo, al igual que visitar a posibles clientes. Para ellos, su trabajo no va más allá de saludar al cliente, dejarse ver, decirle lo duro que está el mercado y hasta la próxima.

Aún quedan vendedores que pese a llevar tres, cuatro o más años ejerciendo como tales, no consiguen eliminar el miedo al cierre, a ese momento crucial de preguntar al cliente: «Entonces, ¿le envío el amarillo, o el rojo, o prefiere probar los dos?». Se asustan porque en su fuero interno esperan un no y lo consiguen. Entre otras razones porque seguirán intentándolo con la misma pregunta: «¿No necesita nada?». La respuesta va implícita.

Os agradecería que este capítulo lo leyerais con calma. Por partes. Parándoos en aquellos aspectos que reconozcáis como susceptibles de mejora.

Para empezar, podríais responderos, con absoluta sinceridad, a la siguiente pregunta: ¿Qué cifra de ventas quiero alcanzar? Si la respuesta es que cuanto más, mejor, os respondo que no es cierto.

«Cuanto más, mejor» es uno de los engaños más generalizados entre los vendedores. Apunto varias razones:

a) Porque cada uno de vosotros lleva impresa una cifra en su mente, en su corazón y en sus piernas. Ese importe se corresponde, más o menos, con las llamadas necesidades que cada cual busca cubrir.

b) Se puede vender más y, de hecho, siempre hay alguien que consigue una cifra de ventas superior, que emplea un argumento más contundente, que aprende cada día algo más.

c) El vendedor mediocre se conforma con realizar el trabajo de visitador sin plantearse el cierre como obligación en cada visita. Deja la entrevista inacabada. Como recordaréis, dividíamos ésta en tres partes: presentación, argumentación y cierre.

Los pedidos hay que ganárselos día tras día, a fuerza de preparar cada vez mejor las visitas, personalizarlas y llegar al cierre confiando en la propia habilidad y en los clientes. Ellos necesitan comprar.

«Vendo todo lo que puedo» en el mejor de los casos significa: «Vendo lo que mis necesidades o ambiciones personales me exigen». Es otra elección pero, al menos, os vendría bien reconocerlo. Sólo añado que, si estamos de acuerdo en que lo importante de la venta es vender, hay que demostrarlo con los resultados.

En realidad, el número de pedidos conseguidos por cada vendedor es el reflejo más fiel de sus objetivos.

Recordatorio: la venta sin cierre no existe. Si alguno de vosotros todavía se atraganta cuando oye la palabra cierre; si el bolígrafo sigue en el bolsillo, en la cartera o en el bolso al finalizar la entrevista; si todavía a estas alturas os queda alguna duda, ¡estáis necesitando con urgencia imbuiros por completo de las diferentes técnicas de cierre! A no ser que prefiráis continuar indefinidamente en el grupo de los ilusos que confían en que el comprador tome la iniciativa con un: «Mándame diez unidades».

No contéis con ello. Auguro que vuestro nivel de ingresos se mantendrá muy por debajo de lo que gana un profesional. Lo de «mándame diez unidades», así, sin más, es casi tan difícil como que os toque la lotería o que encontréis aparcamiento a la primera, en el centro de Madrid. Todo esto es pura casualidad y un vendedor no puede ni debe permitirse vivir expuesto al azar.

El cierre de alternativas da muchas posibilidades (¿te mando dos o cuatro?, ¿el grande o el pequeño? ¿hoy o mañana?...). Quizá preferís otro que se adapte mejor a vuestra forma de entender la venta, pero al final, no hay venta sin cierre.

Por favor, desecha preguntas de este tipo:

—Entonces, ¿no quieres nada esta semana? ¿Tienes de todo? ¿Seguro que no te mando nada?

—Esta semana paso, mejor para la próxima. Tengo de todo...

¿Qué otra contestación esperábais? Sí, también os pueden despedir con:

—Ya te llamaré... Déjame que lo piense... lo tengo que consultar...

En cualquier caso, se desvaneció la posibilidad de cerrar el pedido.

Y vosotros os marcharéis sin conocer cuándo os llamará el cliente, lo que tiene que pensar o con quién ha de consultar. Recibisteis la respuesta que os mal ganasteis.

Me estoy adelantando, el asunto de las preguntas se desarrolla en otro capítulo posterior.

Una aclaración final: Para que lo más importante de la venta sea vender y lleguéis al cierre con posibilidades de éxito, tendréis que haber resuelto con anterioridad todas las objeciones presentadas por el cliente.

Se puede definir una objeción como la razón que el cliente opone al vendedor sobre una opinión dada, actitud, duda o negativa de compra. Si está justificada, es imprescindible que se lo aclaréis con precisión.

Las verdaderas objeciones se basan principalmente en dudas, experiencias negativas anteriores, intereses económicos, o carecer de interés en el producto. La forma de descubrirlo, no me cansaré de repetirlo, es preguntar. Sus respuestas os irán abriendo una vía por la que, con pericia y desenvoltura, conduciréis los argumentos hasta llegar al cierre, seguros y sin tropiezos.

Tened muy en cuenta que las objeciones emotivas son las más difíciles de resolver. En ellas entran en juego la desconfianza hacia vosotros, el estado de ánimo del comprador, el hábito y la inercia... No queda otra que preguntar si queréis saber.

Por otro lado, cuando surge una objeción falsa, en seguida la detectaréis porque constituyen un encubrimiento de la objeción real. El cliente os dice una cosa, pero en realidad sigue ocultando el verdadero motivo de la objeción. Mi recomendación es que, si estáis seguros de que es falsa, la dejéis pasar por alto o, como mucho, haced un comentario breve y continuad vuestra argumentación.

Unas de otras se diferencian fácilmente. Las objeciones verdaderas las presentan los clientes de forma frontal, como el escudo que les brinda la posibilidad de acabar con una entrevista mal encauzada o, al menos, presentada de forma distinta a como ellos deseaban.

Verdaderas:
— Se sale de mi presupuesto. Las prestaciones de este recuperador se adaptan a lo que ando buscando, pero no llego al precio.
(Estudiad una línea de financiación que se adapte a las posibilidades del cliente.)

— Me gusta el diseño, pero cuenta con muy pocos programas. Necesito una presoterapia más potente.
(Fallo de presentación. Se ha elegido un artículo equivocado. Al vendedor le faltaba información, que es tanto como decir que preguntó poco o inadecuadamente.)

— Lo necesito para antes de finales de mes. No puedo aceptar un plazo de entrega más largo.
(Estudiad las posibilidades reales de vuestros plazos de entrega. Procurad utilizar todos los medios a vuestro alcance para satisfacer la demanda del cliente. No prometáis algo a sabiendas de no poder satisfacerlo. Mejor mantener el plazo de cuarenta y cinco días y cumplirlo que acceder a las presiones del cliente y fallar.)

Falsas:
— Lo voy a dejar para más adelante. Lo tengo que pensar. Voy a consultarlo...
(¿Por qué dejarlo para más adelante? ¿Qué tiene que pensar? ¿Con quién y cuándo tiene que consultarlo?)

El vendedor elegirá la pregunta apropiada para cada objeción. Si acierta y resuelve la duda, obtendrá el pedido. De lo contrario, perderá la operación.

Bueno... aquí tendría que terminar el capítulo; sin embargo, considero preciso aclararos algo más sobre el cierre. Por si acaso tardáis más de la cuenta en compraros un buen libro —por ejemplo: *Las preguntas que cierran la venta*, de Charles Brennan, (Norma, 1998)—, os adelantaré brevemente algunos de los métodos más comunes.

Ya comenté que no soy partidaria de rigurosas y etiquetadas técnicas comerciales, pues las considero demasiado estructuradas. Sin embargo, reconozco la conveniencia de conocerlas para usarlas con cuentagotas.

Es más, las técnicas sólo las acepto si se utilizan al servicio del vendedor, nunca al contrario. Sois vosotros quienes debéis moldearlas de acuerdo a vuestra personalidad. Todavía mejor, conseguís crear vuestro propio cierre. Hasta que ese día llegue, entre los conocidos he elegido:

Directo:
Preguntad al cliente si se queda con el producto.
¿Cuántos te mando?
¿Cuándo quieres recibirlos?
Se adapta a tus necesidades ¿verdad?

Alternativas:
El cliente puede elegir entre dos opciones (dos modelos, dos precios, dos plazos de entrega).
¿Te lo envío el lunes o el martes?
¿El rojo o el amarillo?
¿El grande o el pequeño?

Oportunidades:
Presentadlo como una ocasión única. Pero tiene que ser cierto.
«Dispongo solamente de dos unidades de este material y he pensado que tal vez pudiera interesarle.»

Punto secundario:
Si el cliente duda, añadid un nuevo argumento que no hubiera surgido.
«También tiene que sopesar entre las ventajas del producto, además de la calidad, el precio, el tamaño, etc., su fácil introducción en el sector de la medicina.»

Arreglos:
Si es posible, ofreced una adaptación especial del artículo a su problema específico.
«Suponiendo que se puedan incluir ruedas a la camilla al sillón, ¿se adaptaría totalmente a sus necesidades?

Hecho inminente:
Comunicar al cliente que un acontecimiento determinado es inminente para forzar la decisión.
(También debe ser, cierto.) Subida de precios, cambio de formato, etc.

Pedido de ensayo:
Quien prueba, repite.
«Una unidad será suficiente para que compruebe usted la calidad del producto.»

No se trata de utilizar estos cierres al pie de la letra, es suficiente con que os sirvan de orientación. Mezclándolos, eligiendo lo que más os convenza de cada uno de ellos y desechando aquellos que nada aportan a la venta que ejercéis. Con práctica y perseverancia, conseguiréis forjar el cierre adecuado a vuestro estilo de venta.

5
EL COLOR DEL CRISTAL CON QUE SE MIRA

Si preguntarais al cincuenta por ciento de las personas que me conocen desde hace más de diez años, seguro que muchos de ellos se inclinarían por contestar que he tenido muy mala suerte en determinados aspectos de mi vida personal.

En más de una ocasión, la muerte rondó cerca de personas muy queridas y, además, en trágicas circunstancias. Afortunadamente, hubo final feliz para todas ellas. Secuelas, sí. Sufrimiento, también, pero, a la postre, final feliz.

Si preguntarais al otro cincuenta por ciento, tal vez os sorprenderían opinando que menuda buena suerte he tenido, que todo me ha resultado fácil, que el negocio no para de crecer y que, ¡hay que ver!, mientras otros han tenido que cerrar, mi empresa cada vez está más fuerte y consolidada.

Ambas partes estarían en posesión de su verdad y también ambas, desde mi punto de vista, equivocadas. Me atrevería a añadir que sus opiniones se basarían más en sus propios criterios que en mi realidad, la que he vivido día tras día. Hablarían sin conocer mis sentimientos, mi esfuerzo, mi voluntad, mis errores y mis aciertos.

Según el color del cristal con que se mira. Entendiéndolo así, cuando las cosas se torcieron, preferí seguir adelante. Reconozco que estuve tentada a refugiarme en el *por qué yo... por qué a mí...* Mi forma de entender la vida desniveló la balanza a favor del optimismo —Tuve un maestro de primera: mi hijo Alfredo—. Si él no se hundía, tampoco lo iba a hacer yo. Empecé a aceptar que muy cerca de la desesperación se encontraba la esperanza y que ésta siempre llegaba acompañada de una oportunidad para aprender. También para rectificar, conocerme más a fondo y valorar a los que seguían a mi lado.

Cuando las circunstancia fueron favorables, las aproveché. Nunca escatimé esfuerzos, ni aprendizaje, ni entusiasmo, ni horas y más horas de dedicación. Fui generosa compartiendo mi saber y, os lo confesé en la introducción, procuré rodearme de los mejores. Ellos son tan protagonistas como yo misma de mi propio éxito. Conclusión: Que todo es según el color del cristal con que se mira. Algunos tienen por costumbre elegir el negro. Ellos sabrán por qué. Yo prefiero los colores pastel.

Ya hemos comentado que a un vendedor profesional lo distinguirá su capacidad para discernir y responder apropiadamente, cualesquiera que sean los estados de ánimo, las motivaciones y deseos de los clientes. Por eso, al comenzar a escribir este capítulo, quise hacerlo de forma diferente, con menos narrativa y más imágenes. Si habéis llegado hasta esta página, relajaos y disfrutad con la anécdota que os voy a contar, y que le viene a este capítulo como anillo al dedo.

Os aseguro que son hechos reales, conocidos de primera mano y de cuya veracidad no albergo duda alguna. Si conocierais a la persona que los protagonizó, vosotros tampoco las tendríais.

Se trata de un vendedor diferente. Amable sin ser adulador, trabajador sin excederse, aprendiz de oyente, despistado como no he conocido otro, tozudo, pero con una empatía desbordante, igual que su generosidad y sencillez y, además, con dotes de mando. Auténtico hasta cuando se le escapa alguna lágrima sentida. No es la imagen idílica del modelo americano de vendedor. (Y no lo digo sólo por su corpulencia...)

Con anécdotas de este vendedor, reuniría material más que suficiente para escribir un tratado sobre cómo salir airoso de las situaciones más grotescas, que él, con su forma de reaccionar, convierte en casi normales. Como si lo que a él le ocurre nos sucediera al resto de los mortales un par de veces cada día. A mí, desde luego, no.

La anécdota refleja mejor que cien consejos teóricos lo que es poner en práctica el título de este capítulo, carecer de sentido del ridículo (eso también) y creer en uno mismo.

Imaginaos una entrevista de ventas de las que marcan la cifra del mes; de esas en la que nos jugamos el prestigio porque hay otros competidores por medio y que, cuando conseguimos culminarla, nos llenan de satisfacción, además de aportarnos una estupenda comisión.

¿Os lo habéis imaginado ya? Muy bien, pues ahora echadle un poco más de imaginación al asunto y visualizaros ¡dormidos en uno de los sillones de la recepción de un cliente al que os une exclusivamente una reciente relación comercial!

Pues sí, aunque os cueste creerlo, esto es lo que ocurrió. Lo acompañaba nuestra directora técnica. Acudieron al centro de trabajo del cliente para realizar una demostración práctica de un novísimo aparato de tratamiento facial. La entrevista, previamente concertada por el vendedor, discurría sin incidencias.

Tras las presentaciones de rigor, nuestra directora técnica acompañó a la clienta a su gabinete de trabajo. El vendedor esperaría en recepción hasta que acabara la demostración y mientras tanto, según dijo, revisaría unas notas y haría un par de llamadas pendientes.

Una hora había transcurrido cuando clienta y directora técnica se encaminaron hacia recepción. Por el pasillo que separaba las cabinas de la recepción charlaban en un tono audible.

Os podéis imaginar su estupor cuando, al acercarse al sillón, encuentran a nuestro personaje medio dormido, no, nada de una cabezadita, ¡estaba recostado, casi tumbado en el sillón y roncando ruidosamente! Tuvieron que zarandearlo tres o cuatro veces para que se despertara. ¿Creéis que se violentó, que se deshizo en disculpas o algo por el estilo? Pues no. Nuestro vendedor se levantó y con su característica naturalidad, aclaró:

—Es que anoche dormí fatal y tengo sueño atrasado...

Y eso fue todo. Supongo que la anécdota serviría para alegrar el día a los trabajadores del centro de belleza. A nosotros, desde luego, nos alegró la reunión del viernes siguiente.

Conociendo al vendedor, su espontaneidad y su forma tan peculiar de entender las relaciones, no me cupo la menor duda de que la clienta no se habría molestado. Él, no comprendía muy bien a qué venían tantas carcajadas:

—¿Qué pasa?, había dormido mal la noche anterior. Eso le puede pasar a cualquiera. Es que no te imaginas, Eloísa, el sueño que me entró. —Fue su explicación.

He incluido la anécdota precisamente en este capítulo porque supongo que si esta circunstancia le sucediera a alguno de vosotros, decidiría no volver a visitar al cliente. Debo confesar que me encuentro en el grupo de los que hubieran preferido que se los tragara el sillón. ¿Vender en esas circunstancias? ¡Ni se me pasaría por la cabeza!

Soltaría una retahíla de disculpas incoherentes y saldría de allí con el rostro ruborizado. Él cerró la operación. Ya os digo: la importancia del color del cristal elegido. ¿Hay algo más importante que ser uno mismo en toda circunstancia?

En el siguiente capítulo os contaré otra anécdota.

El optimismo es el mejor aliado de un vendedor. Por tanto, procurad ser generosos con vuestras sonrisas. No existe mejor tarjeta de visita.

«El sonido de la risa siempre me ha parecido la música más civilizada que hay en el universo» (Peter Ustinov).

Una sonrisa nacida en el corazón iluminará vuestro rostro y conseguirá convertir en dorado cualquier día gris. Porque sí, porque confiáis en vosotros, en el buen día que os espera, en el cliente y en el mundo entero. Recordad que sólo recibiréis aquello que entreguéis. Si empezáis el día pensando que será pésimo, simplemente porque al salir de casa os habéis encontrado la rueda del coche pinchada, o porque los tres primeros clientes os recibieron con aspereza a causa del último pedido, que llegó con retraso e incompleto y estos previsibles incidentes cambian el color de vuestro cristal, demostráis poca fuerza mental y cierta inestabilidad emocional, por lo que estaréis abocados a navegar por un día difícil en el que todas las circunstancias parecerán aliarse en contra vuestra.

Repetid más de una docena de veces lo mal que va el día y habréis conseguido convertirlo en pésimo y, lo que es peor todavía, se lo transmitiréis a todos los que tengan la desdicha de cruzarse con vosotros (ya conocéis lo del vaso medio lleno o medio vacío).

La buena suerte no es un agente externo, algo con lo que se nace y ya está. La buena o mala suerte, nos la fabricamos nosotros. Todos nos enfrentamos a situaciones desagradables, imprevistas. A frustraciones, desgracias y fracasos. Si el cliente está enfadado porque el pedido le llegó tarde y mal, lo oportuno es centrarse en hallar una solución rápida, explicar los motivos que provocaron el retraso, pedirle disculpas y olvidar el incidente.

Si hacéis una presentación penosa de un nuevo producto, precisamente el día que os queríais lucir delante de vuestro jefe de ventas, es lógico que os sintáis decepcionados. Haceos una reflexión del tipo: «Me ha faltado información, tendría que haber echado mano del catálogo y mostrado el producto. No volveré a cometer los mismos errores. Se presentarán otras oportunidades». Hasta aquí está bien. No es preciso flagelarse media mañana por ello. Tener conciencia de vuestros errores os servirá de ayuda. Pero si os dejáis arrastrar por el pesimismo y empezáis a dar vueltas y más vueltas pensando «soy un desastre» sin otro fin que seguir siendo un desastre, lo conseguiréis. Además de sentiros deprimidos, confusos y no alcanzar otra meta que el propio desánimo.

Reconocer los errores servirá, sobre todo, para liberaros de su influjo. A la vez, os aportará libertad para decidir si queréis continuar así o si elegís cambiar. Pero, llorar sobre la leche derramada, sólo para lamentaros, no representa ninguna ayuda.

«La buena suerte es casi siempre favorable a la persona prudente» (J. Joubert).

Reflexionar sobre vuestros estados de ánimo, conocer los pensamientos negativos que revolotean por el interior, os ayudará, si no exageráis.

Ser conscientes de lo que sucede os permitirá decidir con más acierto. Pero, después de esa reflexión, elige un bonito color para tu cristal y disfrútalo.

La mejor manera de enfrentarse a las emociones es tratándolas como si fuerais testigos de ellas y no parte implicada. De esta manera, mediréis con relativa objetividad la importancia de lo ocurrido. Hacerlo así os permitirá observar cómo el problema comienza a diluirse, a perder influencia; tal vez, incluso, desaparezca.

«Siempre oigo decir que el talento es cuestión de buena suerte, pero nunca oigo que la buena suerte sea cuestión de talento». (Jacinto Benavente).

Por supuesto. Cada cual creará la buena o mala suerte según su carácter, su voluntad para superar los envites que lleguen y su forma de enfocar la vida. Las circunstancias son similares para todos por igual. Quizás un poco más afortunado éste, aparentemente, y aquél algo más desdichado, también en apariencia. La forma de enfrentarnos a las adversidades es lo que marca la diferencia entre una persona y otra.

Mientras uno se desesperará si al salir de casa encuentra la rueda del coche pinchada y le dará por pensar que todo lo malo le sucede a él, porque es un cenizo, y que menudo día le espera, otro cambiará la rueda, se lavará las manos y comenzará su jornada de trabajo como si nada hubiera ocurrido.

Desde luego, no es agradable encontrarse la rueda pinchada a las nueve de la mañana, pero tampoco pasa de ser un ligero contratiempo sin influencia en el posterior desarrollo del día. Éste irá desenvolviéndose acorde al cristal elegido para mirarlo porque, insisto: lo que en cada caso marca la diferencia es la actitud elegida.

He conocido personas que se han venido abajo simplemente por recibir una contestación airada, mientras que otras seguían trabajando con treinta y nueve de fiebre. Vuestra es la posibilidad de hundiros o seguir adelante, de ver el lado oscuro y convertirlo en negrísimo o cambiar el color del cristal, de amilanaros ante la mínima circunstancia adversa que se cruce en vuestro camino —y se cruzarán muchas— o deciros «también puedo con esto».

Los resultados, que al fin y al cabo son los que cuentan, dependerán en gran medida de la actitud que elijáis mostrar. Si de antemano, antes de dar más oportunidades al día, optáis por pensar que lo que mal comienza, peor acaba, y que por tanto, cuanto antes se acabe la jornada, mejor, tenéis un pésimo día a la vista. Tal vez consigáis algún pedido, sólo tal vez, pero no habréis cumplido con vuestra obligación y, para obviar este pequeño detalle, comenzaréis a buscar excusas y hasta es posible que terminéis creyéndooslas. Os diréis que no era el momento de visitar a clientes nuevos, que no estaba el ánimo para eso, ni para ir enseñando la promoción de verano y que mañana será otro día. Un día perdido es irrecuperable. El bolsillo vacío lo certifica.

Por el contrario, si el color del cristal es brillante, alegre y decidís que lo de la rueda, el pedido mal entregado o lo que sea, forman parte del mecanismo de las pequeñas pruebas diarias que vosotros utilizáis para fortalecer la voluntad, demostraros vuestra propia valía y capacidad de reacción, todo marchará sobre ruedas sin pinchar y disfrutaréis de un día excelente y muy rentable.

Se impone una aclaración, ahora que ya conocemos el color de nuestro cristal: cuidado con el optimismo desmesurado, sin reflexión ni crítica constructiva, puede ser tan destructivo como el peor de los pesimismos.

Cuando hablo de optimismo y de ver la vida «de color de rosa», no se trata de cerrar los ojos a las evidencias, ni de pasarnos el día creyéndonos la perfección personificada, ni me refiero, por supuesto, a no reconocer los errores ni aceptar las críticas ajenas. De nada de esto estaba hablando.

Una visión optimista y real de cada situación os facilitará seguir adelante aceptando las adversidades y fracasos, pero sin estancarnos en ellos. También resulta provechoso utilizar los errores como punto de reflexión y aprendizaje, sin caer en una actitud victimista. Jung escribió una vez: «*El pasado es inmensamente real y atrapa a todo aquel que no logra redimirse mediante una respuesta satisfactoria*».

Elegid con acierto el color. Es conveniente cambiarlo de vez en cuando.

# 6
UNA IMAGEN VALE MÁS QUE MIL PALABRAS

Comienzo apoyándome nada menos que en Cervantes: «*Sé breve en tus razonamientos, que nadie es gustoso si es largo*».

Los que nos dedicamos al oficio de vender, aprendemos muy pronto que en él se mezclan la comunicación, la empatía, memoria, conocimientos suficientes para charlar de casi todo, trabajo, trabajo y más trabajo, y algunas tareas más. Precisamente entre esas tareas os propongo añadir la de ser breve en vuestros razonamientos...

Seguid el consejo de don Quijote y no os parapetéis en interminables y tediosas explicaciones técnicas. Resulta poco recomendable alardear de conocimientos ante el cliente inadecuado, o abusar de su amabilidad con una perorata sobre la mala situación del mercado o ya, en el colmo de la descortesía, aburrirlo con vuestros problemas personales.

Si abusáis del cliente, lo más probable es que deje de interesarle vuestra charla antes de haberle comunicado algo realmente importante. Una exposición demasiado larga sólo conseguirá aturdirlo.

Es la tercera vez que menciono este dato: Captamos apenas un veinte por ciento del contenido del mensaje que nos envía nuestro interlocutor.

Por otra parte, muchos psicólogos mantienen que el noventa por ciento de un mensaje corresponde a la naturaleza no verbal. Lo apuntaba ya en la introducción.

No lo digáis: mostradlo. Es mucho más efectivo.

En la percepción de los mensajes no verbales influyen, desde la inflexión de la voz hasta la brusquedad de un gesto. El interlocutor suele captarlos de forma inconsciente. Es decir, sin reparar en ellos. Tan sólo se limita a registrarlos y responde implícitamente.

De nuevo me remito al libro de Daniel Goleman: «*Comprendamos o no la mímica de la expresión facial, basta con ver a alguien expresar una emoción para evocar ese mismo estado de ánimo. De inmediato se produce una sincronía, una transmisión de emociones. Nos sucede de continuo y, además, el estado del individuo más expresivo se transmite al pasivo. Esa sincronización es la que determina que nos sintamos bien o mal en una determinada relación*». En otra página, pero a tenor del mismo asunto, añade que «*la dificultad para captar y transmitir emociones suele convertirse en problemas de relación, puesto que despiertan la incomodidad en los demás sin que éstos puedan explicar claramente el motivo. Si se cometen errores en los mensajes emocionales que emitimos, sentiremos que las personas reaccionan de forma extraña. Si usted cree que expresa felicidad, pero en cambio, lo que muestra es enojo, descubrirá que los demás están enojados y no comprenderá el motivo*».

Mostrar una expresión facial adecuada es vital para un vendedor. La mirada, los gestos y las palabras han de formar una tríada perfecta. Si pretendéis que el cliente apruebe vuestros argumentos, enviadle el mismo mensaje con los ojos, manos y palabras.

Por lo general, las mujeres mostramos más y mejor nuestros sentimientos, solemos ser más expresivas que los hombres. No estamos tan atadas a los convencionalismos sociales. Alguna vez hacemos el ridículo, pero a sabiendas de que no lo somos y eso nos basta.

Pongamos, como ejemplo, uno de esos programas con objetivo indiscreto que con frecuencia aparecen en televisión. Ellas, las «víctimas», se muestran tal como son: chillonas, nerviosas, asustadas, alegres, extravertidas, felizmente engañadas... Ellos, en cambio, pretenden ocultar el miedo, el estupor, la risa... Su sentido del ridículo los agarrota. Sólo consiguen que se les note más. ¿Os habéis fijado cómo miran los varones hacia atrás, a los lados, cerciorándose de que nadie los ha visto «hacer el ridículo?» Estirados, a disgusto en su papel de señuelo...

El hombre, también por regla general, detesta mostrarse en situación de ridículo. Claro que siempre hay excepciones. El vendedor de la anécdota anterior es una de ellas.

Está demostrado que las mujeres solemos tener más capacidad para transmitir nuestras emociones y, lo que es más importante en ventas, captamos rápidamente y con mayor nitidez los mensajes corporales que nos envía el interlocutor.

Los hombres —¿tengo que aclarar de nuevo que siempre hay excepciones?— no suelen prestar atención a los detalles, hasta el punto de pasarles inadvertida una ligera mueca, el rictus de los labios, el movimiento imperceptible de una mano que niega o asevera. Las mujeres, por lo común con los dos hemisferios a pleno rendimiento, solemos fijarnos, sin esforzarnos demasiado, en las pequeñas llamadas de atención y esta ventaja nos aporta una idea bastante exacta sobre el estado emocional en que se encuentra el interlocutor.

Durante una conversación de ventas, mucha e interesante información os llegará en forma no verbal. Por tanto, prestad atención a los numerosos datos sutiles que, envueltos en gestos, os remiten los clientes.

A través de ellos transmitirán su interés o aburrimiento:

Asienten con la cabeza, os mantienen la mirada, preguntan: consideradlo como síntomas de interés.

Se dedican a teclear sobre la mesa, desvían los ojos o bostezan: mejor cambiad de asunto.

Si se encuentran cómodos (expresión relajada) o, por el contrario, desean dar por terminada la reunión cuanto antes (cambian de postura con frecuencia, apenas intervienen, se mantienen rígidos, van hacia la puerta).

La presentación del producto despierta su interés (lo tocan, prueban, preguntan el precio). Mostrad el producto al cliente siempre que esté a vuestro alcance. Hablad de él —del producto— con entusiasmo. Procurad, desde el comienzo de la charla, que el cliente comience a sentirlo como algo valioso que le puede pertenecer. Permitid que lo toque, que lo pruebe, que lo desee. Que se diga a sí mismo: «Lo quiero, lo quiero». Para alcanzar este objetivo, desechad largas disertaciones, dejar que el cliente pregunte, observadlo y fijad la atención en su expresión corporal.

En lugar de perder el tiempo con frases tópicas: «¿Qué tal le van los negocios? ¿Qué me dice de nuevo?». Y comenzar la conversación con un insípido «vamos a ver», busca una frase impactante que interese al cliente:

—¿Querría aumentar en un cuarenta por ciento el número de depilaciones semanales?; ¿Le gustaría eliminar el vello en menos de cinco sesiones?

Cuidado. Se trata de decir la verdad de forma atractiva, no de embaucar. Es importante tenerlo en cuenta. Si el cliente dice sí, habrá que demostrárselo.

Durante el tiempo que dure la presentación y argumentación de ventas, el protagonismo pasará al otro lado del cerebro; el emocional. Dejad descansar la racionalidad. Es el turno de la intuición. Ya sabemos que inteligencia y emoción no son términos contradictorios. La inteligencia también se basa en reconocer las emociones ajenas y atender sus requerimientos.

Gardner define de la siguiente forma lo que se conoce como inteligencia social: *«La inteligencia social consiste en la capacidad de comprender a los demás; adivinar cuales son las cosas que más los motivan, cómo trabajan y la mejor forma de cooperar con ellos. Los vendedores, los políticos, los maestros, los médicos y los dirigentes religiosos de éxito tienden a ser individuos con un alto grado de inteligencia social».*

Si estáis de acuerdo, os sugiero no perder un minuto más antes de poner a trabajar la inteligencia a favor de los clientes, que es tanto como decir a favor de vuestra satisfacción personal, de la caja del establecimiento y del propio billetero. Mostrar lo que queréis vender en lugar de pronunciar una aburrida perorata sobre su formulación. Mostrad el producto, hacédselo sentir suyo; que lo desee.

Huid de frases huecas como «esta crema es muy buena, maravillosa, le va muy bien a todo el mundo». Hay que argumentar estrictamente lo necesario, pero con fundamento, para convencer al cliente:

—Entre los ingredientes que componen esta crema destaca la esencia de..., que, como usted bien sabe, regenera, desinfecta e hidrata la piel en profundidad. Por sus propiedades calmantes, también podrá utilizarlo con éxito en los tratamientos de rosácea y acné.

Dádsela a probar, que perciba su textura, su fragancia, la suavidad que deja en la piel.

Una vez captada la atención del cliente, sólo precisaréis observar sus mensajes no verbales y responderle a las preguntas que os vaya formulando: forma de utilización, precio, plazo de entrega, promoción... Preguntad y observad, y preguntad y observad. No, no es una errata; es que me gusta repetir. Ahí va otra repetición: lo más importante para cualquier cliente es conocer las ventajas que le reportará la compra.

Esforzaos en entender la expresión de duda o confianza que refleje su mirada, el movimiento sereno o nervioso de sus manos, de todo su cuerpo, ¡os está hablando!; ¿acaso padecéis ceguera? No, pues escuchad los murmullos de su cuerpo y lograréis comprenderlo. Sobre todo, actuad como si lo comprendierais. Y los comprenderéis.

Mostrad, con ejemplos visibles, las diferencias sustanciales entre vuestro producto y los similares de la competencia. Nunca os permitáis criticar. Un vendedor de élite jamás recurre a la crítica. Quienes lo hacen, o no son vendedores o todavía están funcionando a medias. Siguen sin comprender la idiosincrasia de esta profesión tan especial. Criticar a la competencia es ruin y denota inseguridad en los propios productos y en uno mismo. Mostrad, simplemente señalad las diferencias y resaltad las ventajas que aporta el vuestro.

Aceptad, sin un mal gesto, la opinión del cliente sobre otro producto que lo convenza más. Rebatidlo con argumentos, nunca con críticas.

Ya definí la venta como un estilo de vida; la manera de estar en el mundo, parte de nuestra personalidad. Pues bien, os toca llevarlo a la práctica. Presentad el producto imprimiéndole vuestro sello, pero nunca despreciéis otro para ensalzarlo.

Si habéis captado convenientemente los mensajes corporales del comprador, siempre encontraréis una brecha por la que canalizar la argumentación y, por tanto, por donde introducir el producto.

Mostráis con acierto un artículo cada vez que el cliente es capaz de visualizar las ventajas del mismo y decide incorporarlo a su negocio convencido de que le reportará beneficios. Si aprendéis a utilizar este método, os sobrarán muchas palabras.

Y ahora os voy a contar la otra anécdota que había prometido. Está ligada a este capítulo.

El protagonista es el mismo que se durmió en la recepción de la empresa del cliente. Seguro que lo recordáis. En esta ocasión lo acompañaba el jefe de ventas. Presentaban un producto para la depilación. Ya existían otros similares en el mercado. A éste lo diferenciaba su textura, más cremosa, y unas gotas de esencia de lavanda en su formulación.

Como el tamaño del producto en cuestión no superaba los doce centímetros, nuestro vendedor lo llevaba en el bolsillo de la americana.

Tras los saludos habituales, el vendedor entró de lleno en la argumentación. Le explicó al cliente (sin mostrarle todavía el producto) las diferencias entre el suyo y los de la competencia; el aroma que emanaba del envase, la novedad del color, su fácil aplicación y la oferta de lanzamiento.

El cliente se mostró interesado, entre otras cosas, animado por el verbo entusiasta que nuestro vendedor siempre utiliza y que acompaña con una generosa y natural expresión facial. En el clímax de la conversación el vendedor anunció:

—Y el producto que te voy a presentar es éste.

Y a continuación sacó del bolsillo de su americana el móvil exhibiéndolo ante el cliente.

La expresión de asombro del cliente pasará a los anales de nuestros recuerdos comerciales. El jefe de ventas, no me digáis cómo, mantuvo el tipo sin inmutarse.

Al ver la expresión del cliente, el vendedor miró su mano y, con un «hala», guardó el móvil. Sin perder la calma, buscó en los otros bolsillos hasta dar con el producto real y se lo mostró al cliente como si nada hubiera ocurrido.

Esta presentación, estoy segura, será recordada por el comprador durante mucho tiempo. El producto, expuesto de forma tan espontánea, sin artificio alguno, también.

Ángel Zapata, en su libro *La técnica del relato*, lo llama, en relación con la escritura, mostrar cocodrilos: De pronto, sucede algo que el lector no se espera y éste se dice: «¡Caramba, pues sí que es interesante!».

Nuestro vendedor, sin proponérselo, exhibió ese día un cocodrilo de cinco metros. Marcó la diferencia y triunfó.

7
PREPARADO, LISTO: ¡REGULARIDAD!

La regularidad en el trabajo habéis de llevarla a la práctica desde el primer segundo de vuestro primer día como vendedor.

De nada os serviría utilizarla esporádicamente, ante una situación límite. La regularidad en el trabajo es primordial si habéis decidido ser vendedores por encima de todo.

Regularidad significa trabajar con método, siguiendo un orden establecido y llevarlo a cabo durante las ocho horas de cada jornada de trabajo.

Y en nada variará vuestra actitud, tanto si la conversación con el cliente marcha sobre ruedas, como si se tuerce de forma aparentemente irrecuperable. Antes de dar por terminada una entrevista de ventas preguntaos: «¿He hecho cuanto estaba en mi mano?». Si algún concepto os parece incompleto, ampliad datos, información hasta que el cliente se muestre convencido o descubráis donde radica el problema.

Quizá durante la entrevista no deis con el argumento apropiado, con la palabra precisa. No importa; si la solución se os presenta más tarde —casi siempre llega y con total lucidez—, llamad al cliente. No os quedéis con la duda. Si abandonáis antes de consumir la última posibilidad por miedo a molestar al cliente o porque un orgullo mal entendido os impide reiniciar la negociación en el punto donde la dejasteis, vuestro inconsciente lo archivará como operación perdida y os sentiréis insatisfechos por no concluir una operación cuando dependía de vuestra habilidad lograrlo.

Regularidad en el trabajo también significa tomar la iniciativa cuantas veces sea necesario. Esperar es más cómodo, sí, pero el cliente tiene otras opciones además de las vuestras e, incluso, algunas de ellas tan interesantes o más que las que habéis presentado. Si al finalizar la argumentación el cliente aún sigue dubitativo y optáis por dejar que sea él quien decida, se multiplicarán las probabilidades de perder la operación. Practicar la regularidad en el trabajo os permitirá disponer de recursos en todas las circunstancias.

Volvamos al instante en que el cliente os despide con un «ya me lo pensaré».

O bien vuestra manera de entender la regularidad en el trabajo os ha llevado a disponer de una pregunta adecuada a su falsa objeción y seguís indagando o será muy probable que en la próxima visita os encontréis con el hecho consumado de que el cliente ha optado por otra alternativa que le fue presentada con más convicción por un vendedor tenaz.

La regularidad en el trabajo es el mejor antídoto contra el miedo al cliente, a no preguntar, a mantener la duda antes de atreverse a dar el paso siguiente. Tal vez el último, el definitivo.

Todas las entrevistas de ventas se han de preparar con antelación, reuniendo cuanta más información, mejor. Hay que revisar catálogos, muestras, la documentación que se entregará al cliente, suponer las posibles objeciones que os presentará y conocer en profundidad a los competidores. Del resto, ya se encargará el instinto vendedor. Los argumentos fluirán ordenadamente, con precisión. Si os basáis en un sistema de trabajo y lo mantenéis hasta el cierre, estaréis en condiciones de rebatir cuántas dudas os presenten.

Trabajad con regularidad, con el guion básico bien aprendido, y la «buena suerte» os acompañará cada día. Lo que en esta ocasión os pido es un esfuerzo diario para mantener la disciplina. Recordad que daremos por concluida la tarea cuando el cliente estampe su firma en el impreso de pedido y, para alcanzar ese objetivo, antes necesitaréis haber desarrollado mucho trabajo administrativo, de organización y, por supuesto, haber dejado en ello grandes cantidades de entusiasmo.

La «suerte» acompañará el quehacer diario ejecutado con regularidad. Ejercitándolo os convertiréis en vendedores competentes y seguros.

Leed la frase del profesor M. Artal y decidme si no es un minicurso de ventas: «*Si usted piensa que hay algo más importante que el cliente, por favor, ¡vuelva a pensar!*». Y otra de Hal W. Johnston:

«*Del mismo modo que el cazador estudia las características de la pieza que pretende cobrar hasta que finalmente la consigue, el vendedor debe estudiar las peculiaridades que rodean al individuo a quien pretende vender determinada mercancía o servicio*».

En esta lucrativa y difícil profesión, de poco os servirá tener un buen día si no conseguís mantener la regularidad veintidós días por mes. La tarea de vendedor es de las más sacrificadas y al mismo tiempo más liberales que existen. Precisamente por ello, hasta alcanzar el éxito y para mantenerlo después, se requiere mucha regularidad: un horario estable, visitar de acuerdo con la planificación prevista, no claudicar por las inclemencias del tiempo u otras circunstancias adversas, dejar al margen del horario de trabajo las obligaciones familiares, impedir que el estado de ánimo del cliente influya en el vuestro, organizar la cartera, mantener al día el soporte publicitario, los ficheros de clientes…

Tan costoso resultará para vuestros ingresos anular la ficha de un cliente con posibilidades de compra, simplemente porque no os cae bien, como mantener abierta otra de un local cuyo dueño decidiera tiempo atrás echar el cierre e irse a las Maldivas.

Por último, dedicad unos minutos de cada jornada de trabajo a poneros en el lugar del cliente: ¿Os gustaría que os atendiera un vendedor despreocupado y olvidadizo? A ellos tampoco. Recordad vuestros compromisos y responsabilidades.

«Pasaba por aquí y he venido a ver si necesitas algo.»

La visita del vendedor, como la atención dispensada al comprador en un comercio, jamás se presentará de forma circunstancial, sino como un hecho programado con tiempo y total dedicación.

Demuestra empatía y mucho talento comenzar la conversación pensando en el cliente:

—Desde su llamada telefónica, le he dado muchas vueltas a su propuesta y tengo una idea que podría ser de gran interés para usted.

Igual que un bailarín ensaya una y otra vez los mismos pasos de danza, un pintor rectifica colores y trazos, un escritor reescribe sus obras hasta dar con las palabras apropiadas, el vendedor necesita trabajar con regularidad para obtener resultados.

El éxito es una mezcla de organización, constancia y talento. Es convertir un deseo en idea, y ésta en acción, y la acción en resultados.

Un vendedor inseguro es un vendedor fracasado. La regularidad afianzará vuestra confianza porque os permitirá manejar con soltura datos, informes, catálogos... ¿A quién podrá convencer o interesar una argumentación plagada de dudas, de datos inconexos, de falta de estructura? A los clientes no, desde luego.

8
PREGUNTAS ABIERTAS, RESPUESTAS A LA CARTA

«Nadie escucharía si no fuera porque aguarda su turno para hablar.»
La frase es de Edgar W. Howe y me saltó a la vista en la hoja de mi calendario de sobremesa el 10 de enero de 2007. La guardé para comenzar este capítulo.

Han transcurrido nueve meses desde que comencé este libro y sigo escribiendo y rectificando.

A veces me siento muy animada, otras, para qué negarlo, no tanto. Hay días en que todo sale redondo. Miro a mi nieto sentado en su sillita de bebé, aquí, a mi lado mientras escribo, y la vida me parece el mejor de los regalos. Las ideas fluyen y encuentro las palabras apropiadas para transmitíroslas. Otras tardes... no soy capaz de terminar una página, pero aquí sigo; perseverando en mi objetivo. El libro estará acabado en primavera. Vamos, pues, con el capítulo de las preguntas.

—Disculpe que lo importune... pero ya veo que no necesita usted nada.

¿Quedará algún vendedor de esta guisa? Me contesto con un sí decepcionante, pero convencido.

—No, no necesito nada. Está muy flojo, todavía tengo sin tocar el último pedido que me enviaste.

Y el vendedor mediocre se encogerá, saludará al cliente y saldrá de allí creyendo que efectivamente la culpa es del mercado, que todo está muy flojo y que, por si fuera poco, él, con la mala suerte que tiene, está abocado a que todo le salga al revés. Y le saldrá.

¿Qué espera un vendedor así? No superar el periodo de prueba; supongo que será su única meta.

La pregunta cerrada ha marcado la dirección de la respuesta. Encima, este seudovendedor sigue sin enterarse de que **la venta comienza cuando el cliente dice no**. Confío en que al leer este libro reaccione.

Por si queda alguna duda al respecto, vuelvo a insistir en que no estáis leyendo un libro de recetas mágicas para vender sin esfuerzo. No puedo transmitir lo que desconozco: ¿venta sin esfuerzo? *El diccionario es el único lugar donde* éxito *viene antes que* trabajo. Esta frase permanece colgada en una de las paredes de mi despacho. La idea central del libro es potenciar la confianza en vosotros mismos y enseñaros a amar la profesión elegida —quizá fuera más atinado escribir que ella os eligió a vosotros.

También ensalza el esfuerzo, el trabajo, la constancia y el aprendizaje continuo, aunque, lo reconozco, es más sacrificado que ir de víctimas del mundo entero.

El noventa y nueve por ciento de las personas que dedican una parte de sus vidas a la venta están capacitados para vender y, además, muchas de ellas serían excelentes vendedores, si realmente se lo propusieran.

¿Por qué ese miedo a preguntar al cliente?

—¿Esta semana se va a cortar el pelo o a teñirse?

—¿Prefiere la crema hidratante o nutritiva?

—Entonces, ¿el bono lo hacemos trimestral o mensual?

Vender tiene dos pilares: escuchar y preguntar. Todo lo demás son añadidos.

Dejar de preguntar por temor a equivocarse es uno de los mayores errores en los que podéis incurrir. No se trata de aburrir a los clientes con preguntas absurdas, de guion aprendido, frases hechas. Tampoco se trata de agobiarlo preguntándole por su padre, por su madre, por sus niños, por qué hará mañana y qué tal día tuvo ayer. No. Se trata de mostrar interés por la marcha de su negocio, de conocer sus necesidades, sus proyectos, sus ilusiones, de rebatir objeciones con argumentos contundentes y fáciles de comprender. En suma, aclarar sus dudas generando expectativas, aportándole ayuda, información precisa y una solución.

Mostrar en todo momento una actitud activa hacia los requerimientos del cliente os permitirá entender sus necesidades y desmontar los interrogantes a través de respuestas bien hilvanadas y mejor expresadas.

Nunca perderéis una venta por realizar varias preguntas abiertas y con tino. Nunca, e insisto en ello. Sí podréis perderla por falta de información. Y lo peor del asunto es que, si os marcháis o dejáis partir al cliente sin haberle preguntado, seguiréis ignorando la causa real por la que perdisteis un pedido que a lo mejor, inicialmente se presentaba fácil de obtener.

De ahí la importancia de aclarar y solucionar las objeciones. Es vuestra obligación. No os comportéis como el vendedor de una película del Oeste, cuyo protagonista es un duro de corazón tierno, Clint Eastwood:

—Pruebe este brebaje fabricado para hombres como usted, —chillaba el charlatán que se creía vendedor.

—¿Qué contiene? —le preguntó el protagonista.

—¿Cómo?... Pues… varios ingredientes. No sé, sólo soy el vendedor.

—Pues, entonces, ¡bébetelo tú!

Si un cliente os indica que la crema reductora es demasiado espesa para su gusto, disponéis de varias soluciones:

a) Estar de acuerdo con él y aceptar que la crema resultad algo densa para su tipo de masaje. Lo razonable en ese caso será abrir de nuevo el catálogo y buscar otra más fluida, en lugar de empeñarse en vender un producto que desde el principio no convence al cliente.

b) Basándose en un conocimiento exhaustivo sobre la crema, mostrar un educado desacuerdo con lo expuesto por el consumidor. Entonces, será necesario convencerlo de las ventajas que una crema así aporta a las nuevas técnicas de masaje (posibilidad de mezclar con esencias, mayor capacidad de absorción, menos consumo de producto, sensación de frescor, resultados visibles). Citar a algunos clientes importantes que hayan probado el producto y se muestren satisfechos de los resultados obtenidos.

c) Hacer caso omiso de los requerimientos del cliente y seguir insistiendo, sin más, en que la crema es muy buena y barata. ¿La respuesta?: «Ya me lo pensaré».

Recordad lo dicho en el capítulo anterior: no hay que dejar suelto un solo cabo. Preguntad y os contestarán. Prestad atención a las respuesta del cliente y tendréis la clave de sus deseos y, si conocéis éstos, la venta se cerrará.

Las respuestas que recibiréis se corresponderán con vuestras preguntas:
—No necesita usted nada.
—No, no necesito nada.
—¡Qué flojo está todo!, ¿verdad?
—Sí, está todo fatal.
—Este tipo de mascarilla no la utilizas, ¿verdad?
—No, no la utilizo.
Con lo fácil que hubiera sido preguntarle:
—¿Qué tipo de mascarilla prefiere usted: en crema, en gel...?
Ya está, una pregunta abierta. Es el momento de aguzar vuestra mente y escuchar con atención porque os llegará la solución en forma de respuesta. Os va a decir si la quiere gruesa o fina, grande o pequeña, que seque rápido o retenga la humedad. O incluso puede darse el caso de que su contestación dé un giro a la entrevista:
—Es que, pensándolo bien, casi mejor me voy a llevar un exfoliante. Me hace más falta.

Pues ni en este caso habéis de mostrar atisbo de desconcierto. ¿Qué pasa, qué el cliente ha cambiado de opinión? Está en su perfecto derecho.

Dejad los gestos malhumorados para el dependiente insolente y procesad con acierto y rapidez la última información. Después, ofrecedle el producto que mejor se adapte a sus deseos.

Para alcanzar este punto, no queda más opción que escuchar atentamente al cliente, aclarar sus dudas y crear una atmósfera de interés, optimismo y confianza en torno a su negocio y al sector en pleno. Imaginaos, por un momento, a un actor interpretando un papel sin aprenderse el guion e ignorando las características esenciales de su personaje. Diríamos que sólo puede aspirar a un rotundo fracaso. Lo mismo ocurrirá en cualquier conversación de ventas mal planificada.

Las respuestas de los clientes suministran información de primera mano. El siguiente paso será complacerlas. Edgar Allan Poe nos brinda una excelente lección de ventas al explicarnos su forma de crear un personaje: «*Cuando quiero saber cuáles son en el momento presente sus pensamientos* —se refiere al personaje—, *modelo la expresión de mi cara, lo más exactamente que puedo, de acuerdo con la expresión de la suya, y espero entonces para saber qué pensamientos o qué sentimientos nacerán en mi mente o en mi corazón, como para emparejarme o corresponderme con esa expresión*».

Mantened vuestra atención bien despierta durante toda la entrevista de ventas, como si las palabras del cliente y su significado fueran los sonidos más importantes del universo. No os dejéis distraer, y una vez más —no será la última—, insisto en que el acierto en las preguntas os llevará a escuchar las respuestas adecuadas, lo que en realidad el cliente quiere transmitiros. Aunque a veces se escude en rodeos, en objeciones reales o falseadas, aunque se obstine en ocultar sus dudas y utilice medias verdades para protegerse, si las preguntas son las apropiadas, acabaréis desarmándolo y expondrá su realidad.

Utilizad el sistema de Sócrates, ¿recordáis? Preguntad y esperad pacientemente. Valeos de preguntas abiertas, de manera que las contestaciones también lo sean.

—¿Cuántas cajas necesita usted para llenar la estantería del escaparate?

—¿Qué día es el apropiado para traerle la mercancía?
—¿Por qué compra usted mensualmente?
—¿Cuándo tiene pensado comenzar la obra?
—¿Cómo va a preparar la próxima temporada?
—¿Le gustaría recibir ayuda técnica?
—¿Se decanta por la última tecnología o prefiere ir paso a paso? ¿Por qué?

Preguntar y escuchar. Ya hemos resumido la esencia de la venta.

Bien, ha llegado el momento de darnos otro descanso.

El texto que a continuación transcribo se ponía como ejemplo, hará diez o doce años, en cualquier curso de ventas o seminario que se preciara de progresista. Quizá los más veteranos lo recuerden. Sigue vigente. ¿Sabéis por qué? Porque habla de comunicación, de ese diez por ciento que asimilamos en cada mensaje. Se titula:

Eclipse de sol en un cuartel

Un día el coronel le dice al comandante:

—Mañana a las nueve y media habrá un eclipse de sol, hecho que no ocurre todos los días. Que formen los soldados en el patio, en traje de campaña, para presenciar el fenómeno. Yo les daré las explicaciones necesarias. En caso de que llueva, que formen en el gimnasio.

—A sus órdenes mi coronel.

En eso que el comandante da la orden al capitán y le dice:

—Por orden del señor coronel, mañana, a las nueve y media, habrá un eclipse de sol. Según el señor coronel si llueve no se verá nada al aire libre; entonces, en traje de campaña, el eclipse tendrá lugar en el gimnasio, hecho que no ocurre todos los días.

—A sus órdenes mi comandante.

Y el capitán le dice al teniente:

—Por orden del señor coronel, mañana, a las nueve y media,

inauguración del eclipse de sol en el gimnasio. El señor coronel dará las órdenes oportunas de si debe llover, hecho que no ocurre todos los días. Si hace buen tiempo, el eclipse tendrá lugar en el patio.
—A sus órdenes mi capitán.

Más tarde, el teniente le dice al sargento:
—Mañana, a las nueve y media, por orden del señor coronel, lloverá en el patio del cuartel. El señor coronel, en traje de campaña, dará las órdenes en el gimnasio para que el eclipse se celebre en el patio.
—A sus órdenes mi teniente.

Seguidamente, el sargento le dice al cabo:
—Mañana, a las nueve y media, tendrá lugar el eclipse del señor coronel en traje de campaña por efecto del sol. Si llueve en el gimnasio, hecho que no ocurre todos los días, se saldrá al patio.
—A sus órdenes mi sargento.

Finalmente, el cabo se dirige a los soldados:
—Mañana, a eso de las nueve y media, parece ser que el sol eclipsará al señor coronel en el gimnasio. Lástima que esto no ocurra todos los días.

Ingenioso, ¿verdad? Gajes de la comunicación.
Para acabar este capítulo y comenzar el siguiente, ya que ambos se interrelacionan, he elegido una cita del libro de Francisco Martos *La rosa de Jericó*. Mantengo la línea de apoyarme en frases alejadas del contexto comercial. Quizá para demostrar que en todo lo que nos rodea, allí donde fijemos la mirada y el corazón, hallaremos una gratificante lección de ventas.
«El inmenso tamaño de mis orejas me permitió refugiar bajo ellas a multitud de aquellos seres humanos necesitados de que alguien les ofreciera una migaja de su tiempo. Y, de esta manera, pude atender-

los. Y, mientras lo hacía, algo sorprendente fue ocurriendo: mi tamaño disminuía a la vez que el de ellos aumentaba.

»Transcurrido algún tiempo, todos fuimos iguales. Y aquel murmullo, ahora tan cercano, era el murmullo de las voces de mi propia gente, a la que, para mi satisfacción, poco a poco vi sonreír. Todas aquellas personas a las que había escuchado con tanta atención, sonreían y saludaban al cruzarse conmigo, transmitiéndome su propio júbilo.»

9
NOS HAN SIDO DADAS DOS OREJAS Y UNA SOLA BOCA

Este capítulo es continuación del anterior. Si en aquel hablábamos de preguntar, en éste nos centraremos en la escucha activa, además de repasar lo hasta aquí expuesto.

El título es parte de una frase muy inteligente atribuida a Zenón de Elea: *Nos han sido dadas dos orejas, pero en cambio una sola boca para que podamos oír más y hablar menos.*

Si a estas alturas, como me propuse, ya os sentís orgullosos de ser vendedores, habéis descartado el **no valgo para vender** y estáis convencidos de que lo importante de la venta es vender, vamos a dedicar este y el siguiente capítulo a hacerlo realidad.

Apunté en las primeras páginas del libro que uno de los mitos más falsos y peligrosos sobre esta profesión es pensar que la tarea del vendedor se basa en esgrimir mucha labia y poca conciencia. Nada más lejos de la realidad actual. El ser humano, cuando actúa como vendedor, se convierte, ante todo, en un profesional cualificado. Su tarea diaria conlleva prestar servicio y satisfacer las demandas de unos clientes cada vez más preparados, expertos en sus respectivas profesiones, con variadas posibilidades de elección y mucha personalidad. Todo ello exige del vendedor formación constante y apertura de mente. Precisamente por la dificultad que encierra desempeñar con éxito este trabajo y la riqueza que genera, los vendedores son de los profesionales más buscados y considerados por las empresas. No he conocido vendedores en paro. Me refiero a vendedores con talento y años de profesión.

Eso sí, antes de alcanzar esa categoría privilegiada, se le exigirá al vendedor trabajar mucho con la cabeza y los pies y que mantenga vivo el deseo de aprender cada día un poco más.

Será un buen apoyo reconocer que el desaliento también forma parte de vuestros cambiantes estados de ánimo. No le déis mayor importancia. Lo cierto es que, en cuanto surge el pedido, queda arrinconado el desánimo.

Un vendedor completo es obstinado y también servicial, pero nunca servil. Saldrá airoso cada vez que el cliente ponga a prueba su empatía y aplomo, y demostrará suficiente habilidad para transmitir sus ideas. Lo hasta ahora escrito es una parte importante de vuestro patrimonio laboral pero, por encima de ello, está **saber escuchar.** En este punto cedo la palabra a Carl Rogers, uno de los pioneros en descubrir la importancia de la escucha empática en todas las relaciones: «*El primer sentimiento simple que quiero compartir con vosotros es lo que disfruto cuando realmente puedo escuchar a alguien. Escuchar a alguien me pone en contacto con él, enriquece mi vida. A través de la escucha he aprendido todo lo que sé sobre los individuos, la personalidad y las relaciones interpersonales. Esa experiencia la recuerdo desde mis primeros años en la escuela secundaria. Un alumno formulaba una pregunta y el profesor daba una magnífica respuesta a otra pregunta totalmente diferente. Siempre me invadía una sensación de dolor y angustia: "usted no lo ha oído", era la reacción que me producía. Sentía una especie de desesperación infantil ante la falta de comunicación que era, y sigue siendo, tan común.*

»*La segunda cosa que he aprendido y que quisiera compartir con ustedes, es que me gusta ser escuchado. Innumerables veces en mi vida me he encontrado dando vueltas a una misma cosa e invadido por sentimientos de inutilidad o de desprecio. Creo que he sido más afortunado que muchos al encontrar en esos momentos a individuos que han sido capaces de escuchar mis sentimientos sin juzgarme ni evaluarme*».

Me siento afortunada porque, a través de mi profesión, he conocido a personas que practicaban con eficacia y generosidad la escucha activa. Sentirse escuchado sin que el interlocutor emita juicios ni evaluaciones, es una de las sensaciones más placenteras que conozco.

Hará unos diez años fui a visitar a una clienta a la que su marido había abandonado un par de semanas antes por otra mujer más joven. Cuando llegué a su centro de trabajo, ignoraba lo sucedido.

Unos pocos minutos fueron suficientes para darme cuenta de que a mi clienta le sucedía algo grave. Su expresión corporal, tensa, la mirada dura, enfrentada, el gesto huraño... Algo no marchaba en aquel gabinete de estética. Ella pretendía mostrarse distante y orgullosa. Sin embargo, lo que transmitía era rencor, un rencor que la devoraba por dentro. Cada palabra suya fue una recriminación hacia su marido. Le resultaba detestable y odioso sólo mencionarlo; no obstante, lo hacía continuamente. Tras un par de decepcionantes e infructuosas tentativas para encauzar la conversación hacia mi promoción «Cuesta de enero», opté por dejarla hablar. No la interrumpí una sola vez durante cincuenta minutos. Necesitaba desahogarse, era cuestión de salud mental, al menos así lo entendí. Merecía todo mi respeto y atención, no porque estuviera de acuerdo con el planteamiento subjetivo que ella hacía sobre la marcha del marido. En realidad, no compartía su forma de vivir la separación, pero estaba convencida de que necesitaba desahogarse en ese momento; la persona que tenía enfrente era yo.

Durante años me había tratado con amabilidad; sus pedidos fueron frecuentes e importantes. Decidí que esa tarde me tocaba mostrarle mi agradecimiento.

Para mí supuso una lección magistral de ventas observar su cambio de actitud, ya que, según arrojaba todo el veneno que le emponzoñaba de rencor el alma, su rostro y su cuerpo se relajaban.

Llegó un momento en que por fin dio por terminado el capítulo de los insultos y pasó a las lágrimas. Después, permaneció unos segundos callada —recuerdo que se me durmió el pie y no me atreví a moverlo para evitar que se distrajera—. Seguíamos sentadas en el sillón. No me acerqué a ella para consolarla. Entonces me costaba mucho exteriorizar mis emociones y más aún tocar a las personas.

—También yo soy responsable. Me cuesta reconocerlo, pero es así —murmuró, más para convencerse ella que para informarme a mí.

Mantuve la boca cerrada, no le di la razón, tampoco se la cuestioné. Intuí su necesidad: que la escuchara. Cuando acabó de contarme su historia, me abrazó. Le apreté con cariño la mano y sonreí. Ya despidiéndonos, cerca de la puerta, se paró en seco y dijo:

—Oye, que no he mirado lo que necesito esta semana, ¿qué traes de nuevo? Quiero que me informes de todas las novedades. Voy a dar un vuelco al negocio que ni yo misma lo voy a reconocer.

Mi mejor tarde en aquel difícil mes de enero. No me lo podía creer.

❏ ❏ ❏

¿Qué es escuchar y a qué llamamos oír? Os paso mis notas. Así lo interpreté tras asistir a un seminario hace cierto tiempo:

«*Cuando hablamos de "oír" estamos subrayando el proceso fisiológico que tiene lugar cuando las ondas recibidas causan una serie de vibraciones que son transmitidas al cerebro. El escuchar, en cambio, se produce cuando el cerebro reconstruye estos impulsos electromagnéticos y forman una representación del sonido al que se le asigna un determinado significado. En este sentido, el "oír" no puede ser parado porque el sentido del oído recoge las ondas del sonido y las transmite al cerebro, las quiera o no las quiera. El escuchar, en cambio no es algo tan automático y tenemos la experiencia de que muchas veces* **oímos pero no escuchamos.** *Incluso hay ocasiones en las que deliberadamente no queremos escuchar por diversas razones: porque el tema es aburrido, porque no nos dice nada, porque el sonido es irritante, etc. Otras veces dejamos de escuchar cuando nos damos cuenta de que "eso ya lo hemos oído antes" con lo que cerramos las puertas a nuevas informaciones o simplemente a una nueva forma de presentar la información. La gente que confunde el oír con el escuchar, a menudo piensan que realmente están escuchando a otros cuando, de hecho, están simplemente oyendo sonidos. La verdadera escucha* *es un proceso activo que implica aspectos más complejos que el acto pasivo de oír.»*

»Hay menos personas que han aprendido a escuchar correctamente que a respirar, ya que creemos que ambas cosas se hacen naturalmente, sin prestarle atención. No obstante, muy pocas personas respiran bien, de hecho, hay infinidad de cursos que nos enseñan técnicas para respirar mejor, porque se ha demostrado que una respiración abdominal bien controlada aumenta las defensas, además de aportar otros beneficios a nuestra mente y nuestro espíritu. Lo mismo sucede con la escucha activa.»

Hasta aquí lo que se debatió en el seminario. La conclusión es sencilla: Se aprende más escuchando que cuando acaparamos la palabra.

La idea de la charla por la charla, para cansar, marear o aburrir al cliente, es un error. Llevo más de cien páginas obstinada en transmitíroslo. Aprender a escuchar es una de las claves imprescindibles si queréis triunfar en esta profesión.

Por favor, contestad a las siguientes preguntas en voz alta. No penséis demasiado; se trata de responder lo primero que se os pase por la cabeza y también de escucharos.

¿Por qué es tan importante escuchar al cliente?

¿Qué ventajas le aportan mis preguntas y mis silencios?

¿Qué gano escuchándole?

¿Sería más apropiado que él me escuchara? Yo soy el que tengo cosas que decir.

¿Qué aprenderé?

¿Habéis terminado? Muy bien, ahí tenéis mis respuestas. Si os sirven de ayuda me sentiré satisfecha:

¿Por qué es importante escuchar al cliente? Porque es la única manera fiable de llegar a conocer lo que realmente busca y espera obtener.

¿Qué ventajas le aportan mis preguntas y mis silencios? Si no fuera suficiente sentirse escuchado, que sí basta en un noventa por ciento de los casos, además le permite razonar en voz alta y convencerse de que hace lo correcto.

¿Qué gano escuchándole? Aprender. Conseguir un cliente satisfecho y asegurar un pedido, lo que se traduce en más ingresos.

¿Sería más apropiado que él me escuchara a mí? Así piensan y actúan los pésimos vendedores, los que opinan que vender es igual a liar y aturdir al cliente. Se equivocan. Vender es ayudar y convencer. El vendedor ha de ser una esponja a la hora de absorber información. Digerirla adecuadamente, pensando tanto en el cliente como en sus propios intereses, y después, transformarlo en beneficio para ambas partes.

¿Qué aprenderé? A reconocer y respetar el punto de vista de otra persona, a descubrir distintas formas de llegar a la misma conclusión, a desarrollar agilidad mental.

Otra vez sale a relucir el veinte por ciento de captación. Sólo resaltar ahora que ese porcentaje es de ida y vuelta. Es decir, tanto el mensaje enviado como el recibido se quedan en una quinta parte de lo que se quiso expresar. Por tanto, si queremos comprender y ser entendidos, hemos de esforzarnos en transmitir con mucha claridad los datos fundamentales y retener los esenciales del mensaje del cliente.

Evitad las distracciones mientras atendéis a un cliente. Tanto las externas como las internas —estas últimas son mucho más difíciles de conseguir—, pero ya sois profesionales dispuestos a alcanzar las cotas más altas de eficacia en el trabajo que, tratándose de ventas, es tanto como escalar el Everest. Por eso, comenzad por prestar mucha atención al tono emocional, ya que, en la mayoría de las ocasiones, la aceptación o el rechazo de un mensaje se producen a través del impacto que en el interlocutor provocan un determinado tono de voz, la pronunciación, el ritmo, si lo siente agradable o desagradable.

Relegad de la mente otras ocupaciones y entregaos por completo —me conformo con el ochenta por ciento, tampoco hay que pedir imposibles— a escuchar atentamente a vuestro cliente. Resulta apasionante y tremendamente revelador.

Proponeos, de forma muy especial, escuchar a esas personas que por su manera de hablar, porque os distraen con sus gestos, os resulten cargantes o porque algo en ellos aún os desagrada, pues os inducen a desconectaros. Decía que escuchéis con atención a estas personas porque os quedaréis sorprendidos de las muchas ideas que compartís. Será un ejercicio muy interesante. Descubriréis en ellos algunas actitudes positivas que ni siquiera sospechabais.

Añado algunas sugerencias:

Es conveniente repetir al cliente algunas frases dichas por él. Procurad no cambiar el significado que el cliente aportó. Este ejercicio os obligará a prestar atención.

—Lo que usted quiere decir, señorita Aguirre, es que, sin la estampación de su logotipo en la solapa de los uniformes, no se hará cargo del pedido.

Emplead vuestras propias palabras para contestar, pero intercalando algunas dichas por el cliente, sobre todo en los puntos que consideréis especialmente delicados.

Si necesitáis alguna aclaración, no la pidáis de forma tajante:

—No he entendido nada de lo que me está diciendo.

Mejor apoyaos en otros términos que os hayan quedado muy claros.

—Se ha explicado usted, señorita Aguirre, con total precisión y he entendido perfectamente que el logotipo va impreso en la solapa, sin embargo, me queda alguna duda en lo referente al plazo de entrega: ¿el último jueves de febrero o el primero de marzo?

Y, sobre todo, recordad que solamente existen dos razones para hablar mientras se escucha:

a) Para mostrar que atendemos y entendemos todas y cada una de las explicaciones de la otra persona.
b) Solicitar una aclaración.

Acabo acudiendo a otro maestro de las técnicas del escuchar. Gendlin:

«Si reservas un periodo de tiempo cuando solamente escuchas e indicas sólo si sigues o no, descubrirás un hecho sorprendente: las personas pueden decirte mucho más y también hallar más dentro de sí mismas de lo que jamás suele suceder en intercambios ordinarios.

»*Si sólo usas expresiones como "si" o "ya veo", «puedo ver cómo te sientes», «me he perdido, y me interesa mucho ¿puedes repetírmelo, por favor?», verás iniciarse un profundo proceso.*

»*En intercambios sociales ordinarios casi siempre nos abstenemos de adentrarnos con profundidad. Nuestros consejos, reacciones, estímulos, repetidas afirmaciones y bienintencionados comentarios en realidad impiden que las personas se sientan comprendidas. Prueba el escuchar cuidadosamente a alguien sin poner en ello nada tuyo propio. Quedarás asombrado».*

10
SÍ VALÉIS PARA VENDER

¿Cuándo decidisteis que no servíais para vender?

¿Erais de los que enrojecíais al saludar, de los que tragabais saliva antes de atender a un cliente, de los que pensabais que nunca soportaríais las miradas perdonavidas de algunos de ellos? ¿O simplemente considerasteis que era una profesión poco productiva, además de superficial?

¿Por qué no aguantasteis un trimestre en vuestro primer trabajo de ventas?

¿Os resultó más fácil pensar que eso de vender no estaba a la altura de vuestro talento, que esforzaros en conocer la esencia de este trabajo?

¿Claudicasteis antes de descubrir que no se trataba de pronunciar un discurso a cada cliente, sino de satisfacer un deseo, ofrecerle colaboración y servicio, rentabilizar su negocio en beneficio de ambas partes?

¿Fue la falta de preparación y confianza la que dio al traste con aquella primera experiencia de ventas?

Añadiría cien preguntas más para, al final, llegar a la misma conclusión: Cada uno de vosotros sirve para vender, si se lo propone.

Ser vendedor, lo hemos repetido varias veces, es sinónimo de esfuerzo, trabajo, disciplina, organización, saber escuchar y preguntar con talento y amabilidad.

Observad que no he escrito simpatía, labia, juerga o falta de escrúpulos. En este caso hablaría de un charlatán.

Quizás aquella vez salieron las cosas mal por ignorar los puntos básicos que en realidad sirven de base a la venta. Ahora, ya conocéis la idea fundamental que sostiene las relaciones comerciales: Ayudar al progreso de los países a través de intercambios mercantiles.

Servís para vender. Daos otra oportunidad antes de rendiros definitivamente. Dedicad cinco minutos a reflexionar sobre el número de veces que cada día ejercéis de vendedores y no os percatáis de ello. Vender es convencer. Lo ejercitamos cada vez que influimos en otra persona.

—¿Vamos al cine o prefieres dar un paseo?
—¿Te gusto más con el pelo liso o ondulado?
—¿Preparo carne o prefieres pescado?
—Estudia, o te quedarás sin tele.

Y lo curioso es que, cuando hacemos estas preguntas, esperamos la respuesta acorde a nuestros deseos y, si no se produce, vuelta a empezar:

—¿Vamos al cine o prefieres un paseo?

El que propone habrá elegido dos posibilidades agradables; cualquiera de ellas le aportará satisfacción.

Vendemos ideas, emociones, gustos, opiniones y para ello recurrimos a las **preguntas abiertas**, ¿por qué? Porque una pregunta abierta nos permite guiar la contestación o, al menos, permite la posibilidad de enfocar la respuesta de acuerdo con nuestros deseos.

—¿Te apetece ir al cine?
—No.

Con preguntas cerradas sólo obtendremos un sí o un no. En el supuesto de que la persona a quien dirigimos la pregunta opte por responder lo contrario a lo que esperamos que diga, cosa bastante probable, no nos quedará más remedio que manifestar nuestra contrariedad por su respuesta; de este modo la discusión estará servida. Sin embargo, utilizad una pregunta abierta:

—¿Prefieres ir a la sesión de las siete o a la de las diez?

Casi con toda probabilidad, esa tarde acudiréis al cine.

El cierre es determinante en una conversación de ventas. El punto culminante que redondea la presentación de un producto. Entre un vendedor y un visitador, sólo remata el vendedor.

Ánimo, ejercitad la confianza en vosotros mismos. Aceptad que **todos valemos para vender. Lo hacemos constantemente.** Lo estáis demostrando al leer este libro. Es cuestión de aprendizaje, de tenacidad y ambición más que de valía.

Si estamos de acuerdo en que la venta comienza cuando el cliente dice «no», si reconocemos que el precio nunca es determinante para vender un producto, si habéis aprendido a ofrecer aquello que todavía no compra el cliente. ¡Fuera miedos! Prohibido retirarse antes de tiempo. Mirad qué frase de Armando C. Altman: *«Un buen vendedor es el que sabe vender lo que no le piden cuando le piden lo que no tiene, dejando a la vez satisfecho y agradecido al cliente».* Tenedla a mano. Si la lleváis a la práctica, vale más que el mejor curso de ventas.

El futuro del vendedor está en aquellos clientes de su zona que aún no le compran. Después del primer no del comprador, comienza la venta. Convenced sin imposición, con talento y datos fiables.

Como veréis, los argumentos son repetitivos, tanto como la vida, como la propia venta, como nuestros hábitos, como todo lo que nos rodea.

Dejad este libro sobre la mesilla o en el asiento del coche, al lado del conductor. A lo mejor preferís llevarlo en la cartera de trabajo o colocarlo en el estante del mostrador. Es cosa vuestra. Se trata de que cada día lo abráis al azar y leáis unas páginas. Como máximo un capítulo. Esgrimid los argumentos expuestos en estas ciento noventa y dos páginas durante seis u ocho semanas y confiad en los resultados. De lo contrario, de nada os habrá servido comprarlo y leerlo.

Veamos: un cliente entra en vuestro establecimiento y pregunta por el precio del producto X.

¿Qué haríais a estas alturas? ¿Os limitaríais a decírselo sin mostrarle primero el producto? Mal comienzo. Para desear un producto, hay que sentirlo nuestro.

Habéis mostrado el producto. Bien —esto mejora por capítulos—. Prestáis atención al rostro del comprador, os animáis porque refleja alegría. Posiblemente el producto se adapta a lo que anda buscando. Dejad que se familiarice con él, que lo pruebe, si viene al caso, que lo sienta suyo. ¿Lo estáis oyendo?: «*Lo quiero, lo quiero*». Resaltad la cualidad del producto que mejor se acople a los deseos expuestos por el cliente (que habréis asimilado a través de la escucha activa y las preguntas adecuadas). No os precipitéis, esperad a que pregunte el precio, haciéndolo da la mejor prueba de interés. Pero, si éste se os escapa —me refiero al precio—, cosa bastante frecuente, ¡la impaciencia de la venta!, tendréis que adornarlo con pocos pero eficaces argumentos comerciales. Sobre todo, destacad las ventajas y la satisfacción que el comprador obtendrá con el producto X.

Terminada la argumentación, esperad unos segundos a ver si el cliente decide por su cuenta. Lo habitual es que todavía esconda una última objeción, la duda final, sobre todo si se trata de un comprador indeciso, ¿qué hacer? Si habéis contestado «preguntar», merecéis un sobresaliente. Eso es exactamente lo que el cliente espera. ¿Cómo enfocar la pregunta? Os recuerdo que os estáis jugando el setenta y cinco por ciento de la venta:

—¿No se lo va a llevar...?

No se lo llevará. Seguro.

—¿Se lo envío...?

En casos así, lo normal es que el posible cliente se ponga a la defensiva y diga que «se lo va a pensar».

—¿Qué tamaño prefiere usted, el de cincuenta o doscientos cincuenta?

—El de cincuenta, me lo llevaré para probar.

—¿Se lo envuelvo para regalo o es para usted?

—Para mí.

No hay venta sin cierre. Aunque os haya salido la presentación de vuestra vida, aunque la última novedad se venda sola, no hay venta sin cierre.

Si esperáis en exceso a que el cliente marque la pauta, como a su vez él confiaba que fuera el vendedor quien le diera un argumento decisivo para animarlo a comprar, con frecuencia se limitará a zanjar el asunto con un «me lo voy a pensar. Lo dejamos para la próxima semana. Tengo que consultarlo», y se habrán acabado las oportunidades.

Hay que cerrar la operación. Llevarlo a cabo con éxito distingue a un vendedor profesional de otro que todavía no ha alcanzado ese grado. En esta fase de la venta es donde el vendedor gana o pierde su comisión. Simplemente por no atreverse a decir:

—¿Te mando cuatro o seis?

—¿Se lo envío el lunes o el jueves?

—¿Prefiere el tamaño de venta al público o el de profesional?

—¿Es para la oficina o para el almacén?

Cuando el cliente responda a una de estas preguntas, la venta estará cerrada y vosotros habréis comprendido que sí valéis para vender.

Leyendo *El clan del oso cavernario* me impresionó una frase de Ayla, la protagonista: «*La prueba no es simplemente hacer algo difícil. La prueba es saber que uno lo puede hacer, porque los dones más grandes que nos otorgan están dentro de nosotros*».

La próxima vez no os conforméis con una buena exposición; cerrad el pedido.

Los clientes no esperan de un vendedor profesional que se disculpe o pida perdón después de cada frase. «Disculpe que lo moleste... Siento haberle hecho perder el tiempo... Gracias por atenderme...»

No se molesta a una persona cuando se le ofrece algo que redundará en su provecho. Ni cuando nos preocupamos por la buena marcha de su negocio.

El comprador desea aclaraciones razonables, soluciones rápidas, que le muestren novedades y artículos interesantes, información acerca del mercado, de sus tendencias, ayuda para descartar las objeciones que le impedían decidirse. Quiere que lo escuchen, le comprendan y le muestren aprecio, pero disculpas, nunca.

Por tanto, un trabajo bien rematado por el vendedor requiere aclarar hasta la última duda. Explicar las ventajas, la rentabilidad y las diferencias positivas que la compra le aportará y, si viene al caso, una vez cerrada la operación, felicitarlo por su decisión. Después, sólo resta despedirse y dejar preparada la próxima visita.

Un vendedor es el mejor aliado del cliente, grabáoslo en la mente, porque ya es la última vez que lo repito. La persona que lo acerca al éxito, que lo ayuda a estar al día, que le atiende y facilita su trabajo, que le proporciona información y formación, ¿por qué tiene que disculparse?

Hay una canción que cantan Los Sabandeños cuyo estribillo dice: «*A la cara te miro "pa" que me entiendas, porque también los ojos hacen de lengua*»... ¡Desde luego que hacen de lengua! Mirad a los ojos del cliente con amabilidad y entrega, rebatid con datos sus objeciones y dejaos de tanta disculpa absurda, de tanto *lo siento*, cuando no hay nada de qué lamentarse.

CUARTA PARTE

DIEZ PROPUESTAS INFALIBLES PARA FRACASAR EN MENOS DE SEIS MESES

«El fracaso siempre es un resultado, nunca la causa.» Lo oí anoche en una emisora de radio.

«Si se empeña en enseñar algo a un hombre sin que él lo solicite, jamás lo aprenderá», dijo el dramaturgo George Bernard Shaw.

El autor de la siguiente fue el general San Martín, aunque también se le atribuyó a Maquiavelo: *«Serás lo que debas de ser o, si no, no serás nada»*.

Bien, son algunas opiniones ilustres que nos permiten introducir el asunto y analizarlo desde diferentes perspectivas.

❏ ❏ ❏

Para fracasar, poco importa en qué, es imprescindible que uno mismo se sienta derrotado.

Me resulta fácil definir el éxito como un estado de satisfacción interior, de alegría, deber cumplido, confianza en el porvenir... El éxito real es el que uno mismo siente como tal: haber conseguido un propósito, una ilusión, un reto, una meta... quizá no conlleve una mejora económica o social, en cualquier caso, no tiene nada que ver con el brillo superficial que otorga la popularidad.

Sin embargo, determinar el fracaso lo considero tarea individual. Puedo explicar las pautas que se han de seguir para echar por la borda el negocio más boyante en seis meses, sobre todo si hablamos de comercio al detalle. La experiencia me he demostrado que en el día a día, en eso que llamamos «suerte» o «mala pata», hay determinadas formas de actuar que resultan casi infalibles, tanto para conseguir lo uno como lo otro. Tampoco en esta ocasión voy a descubrir ideas nuevas. No, como en el resto del volumen, lo único que pretendo es resaltar lo que todos conocemos, pocos recuerdan con frecuencia y sólo algunos privilegiados practican con regularidad.

Echaremos mano del buen humor para repasar algunas técnicas, como ya dije, casi infalibles, si lo que pretendemos es arruinar un pequeño negocio, un comercio, una zona de ventas, en menos de seis meses.

Sólo os sentiréis derrotados en el supuesto de abandonar antes de lograr el propósito último. El punto de partida para tomar uno u otro rumbo es encontrarse a sí mismo. Decidid la dirección que cada cual quiere tomar y, una vez hecha la elección, seguid adelante. Y si, a mitad del camino, vislumbráis que no es la deseada, cambiad y volved a empezar.

Tanto el éxito como el fracaso se corresponden más con un estado anímico que con una realidad objetiva. Es la persona quien decide con su actitud el grupo al que quiere pertenecer. Cuando se está preparado para triunfar, el triunfo aparece. Lo mismo sucede con el fracaso.

Primera propuesta: Motivarse con autoengaños

Puede resultar gratificante por un tiempo, pero su final es la decepción. Sin conocimiento real y completo de lo que está sucediendo y de por qué ocurren los hechos, no hay evolución ni cambio.

Hablar ante un cliente de vuestras posesiones, del lujoso nivel de vida que disfrutáis, de los tres coches guardados en el garaje, hacer ostentación de alhajas y billetes, os cerrará todas las puertas. También obtendréis el mismo resultado si optáis por emplear un tono lastimero.

Utilizar la «terapia del llanto», causar pena al cliente para conseguir su pedido, es rebajarse hasta la humillación. Esconder la ineficacia tras un muro de resentimiento hacia todos y por todo, dejará al descubierto vuestro lado más oscuro.

«El primer paso de la ignorancia es presumir de saber, y muchos sabrían si no pensasen que saben» (Baltasar Gracián).

Segunda propuesta: Excesiva facilidad para sugestionarse o dejarse sugestionar sin preguntarse los porqués

¿Dónde va Vicente? Donde va la gente.

Dejaros manipular por razonamientos ajenos sin oponer resistencia. Arrinconar el instinto en aras de una servidumbre externa que pronto os pasará factura por vuestra debilidad de criterio y falta de personalidad. No prestar atención a esa vocecilla interior cuya misión es ejercer de filtro revelador. Desechar lo propio y enaltecer como infalible lo foráneo. *«Lo peor de la ingratitud es que siempre quiere tener razón»* (Jacinto Benavente).

Tercera propuesta: Afrontar una situación mal planteada

Falta de conocimientos, de información, de formación.

Esta forma de actuar provoca un elevado índice de estrés entre los vendedores. No existe nada más frustrante y que haga sentir más el fracaso que ser conscientes de la propia mala gestión y carecer de respuesta adecuada.

Dedicarse a una tarea, ponerse al frente de un negocio sin conocerlo en profundidad, sin medir riesgos ni esfuerzos, es creer que la fortuna será vuestra aliada, porque aparentemente lo fue de otros que lo intentaron antes.

Por tanto, la primera exigencia para fracasar al frente de un comercio, o en cualquier actividad, será desconocer el entramado del negocio en sí, abrir un comercio porque sí, porque es moda o porque un conocido lo hizo y le fue bien. Si la persona que está al frente del negocio ignora los puntos más elementales para sacarlo a flote, seis meses serán excesivos. En tres ya habrá echado el cierre.

No te informes, no te prepares, no te esfuerces.

«*Nuestro carácter es el resultado de nuestra conducta*» (Emerson).

Cuarta propuesta: Acomodarse a lo que venga

Caer en la rutina. No buscar soluciones. Aceptar como inevitable que no es posible mejorar los resultados limita las posibilidades de crecimiento.

«*Las personas débiles no pueden ser sinceras*» (La Rochefoucauld).

Quinta propuesta: Buscar justificaciones y culpables

Los que afirman hacer todo lo que pueden y más de lo que deben, siempre estarán predispuestos a culpar a los demás de su «mala suerte».

Si alguna vez estos individuos se equivocan, cosa poco probable, será porque fueron mal informados, alguien les puso la zancadilla o no se dieron cuenta, así que, ¿para qué reflexionar y buscar nuevos canales? Es más cómodo esperar a que se pudra el proyecto que rectificar.

«*Un necio instruido es más necio que un necio ignorante*». (Molière).

Sexta propuesta: Pensar siempre en negativo

Y si las dificultades cotidianas no son lo suficientemente alarmantes, imaginarse otras más perturbadoras. Repetir de forma contumaz que todo va mal, que todo es un desastre, que así no se puede trabajar, contagia desesperanza. El poder de la mente rompe moldes y la repetición consigue convertir en realidad cualquier supuesto.

«*Muchos hombres no se equivocan jamás porque no se proponen nada razonable*» (Goethe).

Séptima propuesta: Eludir responsabilidades

Falta de puntualidad, incumplir plazos, condiciones, ausentarse del trabajo sin justificación real, mentir para esconder un error. Prometer a los clientes más de lo que se puede cumplir, presentar un aspecto desaseado o mostrarse descortés.

«*Siempre es más fácil dejar de hacer que hacer*» (José Ortega y Gasset).

Octava propuesta: Desorganización

Hasta conseguir que la cartera de trabajo, la tienda, el establecimiento, parezca un vertedero, hasta ignorar para qué sirven los impresos, documentos o el material publicitario. No ofrecer las promociones puntuales que presentan los proveedores o vuestra empresa por considerarlas inadecuadas y, por supuesto, peores que las de la competencia.

«*El ideal está en ti; el obstáculo para su cumplimiento, está también en ti*» (Thomas Carlyle).

Novena propuesta: Ni metas ni aprendizaje

No caer nunca en la tentación de fijarse metas y, menos aún, esforzarse en cumplirlas. Nada de aprender. Para qué, si nadie lo agradece. Ya sabéis todo cuanto hay que saber.

«*Lo que no es útil para la colmena, no es útil para la abeja*» (Marco Aurelio).

Décima propuesta: Trabajar sólo por obligación

Porque algún «curro» hay que tener para ir tirando. Dejad que las ideas, las decisiones, las responsabilidades, vengan de otros y nunca os impliquéis con vuestro trabajo, podría suceder que os llegara a gustar.

«*Las que conducen y arrastran al mundo no son las máquinas, sino las ideas*» (Víctor Hugo).

❏ ❏ ❏

Sólo con llevar a la práctica durante unos meses la mitad de estas propuestas derrotistas, alcanzaréis un grado de ineficacia difícilmente superable. Si os lo proponéis, acabaréis fallando, aunque quizás aquí el verbo *proponer* resulte inadecuado. La verdad, dudo mucho que una persona sin aspiraciones se proponga conseguir algo. Dejémoslo en que tanto el éxito como el fracaso están al alcance de cualquiera.

QUINTA PARTE

FASES DEL CONOCIMIENTO

«La llave que se usa constantemente, reluce como la plata; no usándola se llena de herrumbre. Lo mismo pasa con el entendimiento» (Franklin).

«Fases del conocimiento». Me gusta llamarlas así, lo cierto es que ignoro si se conocen de otra forma. Lo oí por primera vez hace poco más de veinte años, cuando vendía cursos de inglés. Me impactó oírlas de labios del preparador y, desde entonces, siempre las he tenido muy en cuenta. Con frecuencia las menciono en mis reuniones. Poco a poco he ido sacándoles jugo, adaptándolas a mi forma de explicar, mostrándolas a través de ejemplos para hacerlas más visibles.

Las fases del conocimiento son cuatro, ¿en cuál os encontráis?

Primera fase: Inconscientemente incompetente

Se está bien aquí, dice nuestra parte cómoda. Nada de responsabilidades, nada de esfuerzos. Incluso llegamos a pensar que dominamos la situación: Hago lo que quiero.

La persona inconscientemente incompetente todavía no se reconoce como tal y, por tanto, actúa de forma negligente y sin vislumbrar cambios.

Como ejemplo, os propongo imaginar a un inexperto conductor que decide practicar sin más preparación que su capricho por el volante.

Superados los primeros nervios, conseguirá arrancar el coche, meter la marcha y moverse. En el colmo de su ignorancia, asegurará que sabe conducir. Apenas se fijará en que frena un metro después de lo que aconseja la seguridad y las normas de circulación, el coche irá a trompicones, rascarán las marchas, pero, como se trata de la primera vez... se mostrará satisfecho y convencido de que con un poco de práctica, nada que envidiar al mejor corredor.

La primera visita de un vendedor o la primera clienta que atendemos en nuestro flamante establecimiento, nunca se olvida. Cuando volvemos la vista atrás solemos decir: «¿Cómo pudo comprarme, si no dije una frase coherente?».

Es la llamada «suerte» del novato, que no suele repetirse. Centrándonos en las ventas, nos encontramos en la fase en la que el vendedor utiliza, muy ufano y creyéndose un gran orador: «Esto es muy bueno, muy bonito y además, barato». «¿No necesita nada esta semana?» o imita al dependiente insolente con «Es que no me está entendiendo lo que le quiero decir». Y se queda tan tranquilo. El estómago aún no se le encoge ante semejante dislate. (A algunos no se les llega a encoger y ahí se quedan.)

Tras una presentación de bueno, bonito y barato, sin apenas expresión corporal, entumecidos los músculos por la tensión, quizá la mirada huidiza, soportando a duras penas los picores y sin saber qué hacer con las manos, y menos aún con la cartera, el cliente os espeta un «ya me lo pensaré» y como, en el fondo, lo que estáis deseando es largaros cuanto antes, lo creéis y os marcháis o dejáis partir al cliente sin preocupación alguna porque, al fin y al cabo, la cosa no ha ido tan mal. Se lo va a pensar, a lo mejor mañana llama. El pedido sale, seguro.

No le deis más vueltas. Sois inquilinos de la primera fase: inconscientemente incompetentes. Vuestra estancia aquí dependerá, como todo lo demás, de vuestro talento, afán de superación y capacidad de crítica constructiva.

Probablemente habrá que esperar a que se produzcan una docena de «ya me lo pensaré» sin respuesta posterior, antes de que os hagáis la primera pregunta. Algunos aguardaréis hasta que el jefe de ventas, la encargada de tienda, el dueño del establecimiento o ese libro sobre ventas que comprasteis, os demuestren que los argumentos utilizados no rayan en la perfección, como tal vez suponíais.

Llegado a este punto, lo habitual es que salga a relucir la «mala suerte» porque, si trabajáis las mismas horas, o más, que el resto de vuestros compañeros, si representáis los mismos productos y no remaáis un pedido… cuestión de mala suerte, ¿a que sí?

Esta fase se caracteriza por un optimismo exagerado, al menos de entrada, o un pesimismo destructivo. La falta de análisis, observación y crítica impiden reconocer tanto las posibilidades como las dificultades reales que habéis de afrontar en el desempeño de la tarea diaria. Afortunadamente, nadie es inconscientemente incompetente en varias áreas a la vez. Por tanto, si aprendéis a serviros de la intuición —siempre valiosa y a menudo mal usada— y añadís el toque justo de reflexión, saldréis de esta fase con los conocimientos básicos ya aprendidos y, lo más importante, sin sensación de fracaso.

«Yo no sé que no sé y lo peor, no quiero saber». A veces, para defendernos de nosotros mismos, nuestro inconsciente actúa como negación. C. G. Jung lo explicó con la siguiente frase: *«Lo inconsciente actúa en nosotros. También el incremento de nuestra conciencia influye en el inconsciente y le hace variar de rumbo».*

Algunas personas, las reacias a los cambios, las poseídas por una única verdad, son proclives a permanecer en esta fase más tiempo del necesario. No buscan porque aún ignoran que dentro de ellos están todas las respuestas.

Los de naturaleza inconscientemente incompetente se quejan por todo, sin mover un dedo para que algo cambie. Siempre disponen de alguna justificación; sin embargo, ignoran lo que es buscar soluciones.

Para el resto de los mortales supone una fase de tránsito. Necesaria e interesante, si se sabe aprovechar, y que nos encamina hacia otra mucho más incómoda:

Segunda fase: Conscientemente incompetente

Entrar en esta fase es comenzar a complicarse la existencia. A buscar respuestas. Es la más dura y difícil de superar. El individuo que en ella se encuentra, empieza a darse cuenta de que algo no marcha, intuye que, si las cosas van mal, a lo mejor es que él lo provoca. Comienza a preocuparse por lo que sucede a su alrededor. Si es inteligente, pedirá ayuda y la aceptará con agrado cuando se la brinden. Ya reconoce que el coche va a trompicones y que ese ruido al cambiar de marcha, quizá no sea del todo normal. Percibe que su tarea la está gestionando de forma ineficaz, sin resultados, pero aún desconoce cómo arreglarlo.

Se preocupa cuando se le escapa: «¿No necesita usted nada esta semana?». De vez en cuando consigue articular algo parecido a: «¿Le mando algo el jueves?». Los noes comienzan a ser más suaves. Algunos clientes deciden que sí quieren que les mande algo el jueves. Si nos referimos a un establecimiento, el dependiente que se encuentre en esta fase se esforzará por no repetir: «¿No le gusta», probablemente preguntará: «¿se lo va a llevar?», y alguna vez el cliente le alegrará el día con un sí.

Ya no basará su discurso en la crisis que atraviesa el sector y en lo mal que está todo. Incluso se atreverá a comentar con el cliente la buena calidad del producto y para ello empleará un argumento más sólido que el de «esto es muy bueno, muy bonito y está muy bien de precio».

Salir de esta fase requiere mucha preparación y un gran esfuerzo diario que no todos estamos dispuestos a realizar. La conciencia nos encuadra demasiado en los arquetipos. Es fácil, e incluso cómodo, sentirse un negado, un fracasado: «Qué le voy a hacer si soy así». No brotan las ideas porque vivimos con una imagen de nosotros mismos demasiado limitada. Hay que dar el salto, investigar, observar a los compañeros, estudiar... Es el momento de acudir al jefe o encargado y exponerle abiertamente en qué punto os encontráis.

La ayuda más importante en esta fase es desarrollar los conocimientos. Buscar nuevas alternativas. Los libros, bien seleccionados, suelen ser excelentes consejeros.

Descubrir otras verdades, otras formas de entender el mismo trabajo, aportarán frescura de pensamiento y dedicación entusiasta. Conocer a fondo las características de la tarea diaria mejorará ostensiblemente las posibilidades de entrar en la siguiente fase.

Tercera fase: Conscientemente competente

Vamos con el ejemplo de la conducción: Conducimos bien, pero necesitamos poner los cinco sentidos en ello (ya sé que siempre hay que llevar los cinco sentidos puestos en el volante); me refería a ir pendiente de cada cambio de marcha, el intermitente, la señal de trafico, un giro, el de atrás que pita y el otro que frena con brusquedad... se nos amontona el trabajo. Conocemos las normas y las cumplimos, pero todavía nos requieren un esfuerzo excesivo.

Lo mismo sucede con el trabajo: la organización de visitas, que ya habéis aprendido a gestionar, el orden de las mismas, los catálogos, las listas de precios, las llamadas pendientes, las quejas... El día empieza a cundir.

Si vuestro trabajo se desarrolla en un establecimiento y os encontráis en esta fase, seguro que saludáis al cliente cuando entra y, además, acompañáis el «buenos días» con una amable sonrisa, sin dejarlo vagabundear por la tienda. Nada de altanería ni prisas, solícitos ante su primera señal. Sin atosigarlo, pero atendiéndolo.

El problema es que aún tenéis que repetíroslo mil veces. Recordar los detalles os requiere un esfuerzo mental exagerado. En vuestra mente apenas queda una décima parte de lo que os explicaron durante la jornada de aprendizaje. Quizá siga todo ahí; cogido con alfileres y, al menor despiste, ¡plaf! Se os escapa el temido:

—¿No quiere usted nada?

¿Dónde se han quedado aquellas preguntas abiertas, tan interesantes, tan fáciles de realizar y que con tanto entusiasmo repitió el responsable de la charla? Tranquilos. Estáis en la tercera fase: conscientemente competente.

Es tan engañosa como la primera. Estabais en ella hace escasamente un mes, pero, en la actualidad, ya habéis reconocido que no sabíais tanto como en principio pensabais. Afortunadamente, ya no os dejáis engañar por esa ignorancia arrogante e ineficaz. Unos días más tarde, cuando estrenasteis la segunda fase, todas las dudas, todos los miedos, todos los atascos se mezclaron en vuestra mente hasta ser incapaces de concebir una idea brillante.

—¿Qué hacer para dejar de ser un inepto? —Os preguntabais.

Se requiere un gran esfuerzo de voluntad para salir de la segunda fase; la más dura, pero no la más peligrosa. La primera y esta tercera lo son mucho más. Sobre todo, porque apetece quedarse en ellas. Al fin y al cabo, diréis vosotros, no se está tan mal siendo conscientemente competente. Muchos no llegan a ello y se ganan la vida. Pues sí, tenéis razón. Es una decisión muy personal. Quizás alguno se sienta cómodo aquí y no desee seguir adelante. Quizá decida que ya está bien de esforzarse y prefiera moverse en esta fase gregaria en lugar de seguir creciendo. De acuerdo, es una determinación tan aceptable como cualquier otra.

Algunos, al menos eso quiero suponer, preferirán conocer la cuarta fase antes de decidir.

Cuarta fase: Inconscientemente competente

En esta fase las ideas fluyen en el momento adecuado convertidas en palabras. Llegados aquí, no hay que forzar la mente en busca del argumento idóneo; éste brotará espontáneamente. El esfuerzo, la voluntad, el aprendizaje, los errores, todo el bagaje que habéis ido adquiriendo hasta llegar a esta fase, por fin os reporta beneficios. Decide dar fruto convirtiéndose en conocimiento, experiencia y sabiduría acerca del prójimo, el significado de la profesión y, lo más importante, vosotros mismos.

Las experiencias, poco a poco, fueron absorbidas por vuestra esencia de vendedor. Es el momento de pulir el estilo; eso que hemos definido como personalidad.

Volvamos al símil de la conducción. La seguridad y la soltura se adquieren con la práctica y la repetición. Por supuesto que influyen nuestras aptitudes naturales para alcanzar un grado de perfeccionamiento. Sin embargo, cualquiera que se lo proponga con ahínco, se convertirá en un experto conductor. Aunque le cueste muchas horas de preparación y arduo trabajo, si persevera, lo veremos manejar el coche con soltura y habilidad. Los conocimientos adquiridos y llevados a la práctica le han proporcionado pericia y seguridad. Ya no es un peligro para los demás ni para él mismo.

Ha llegado el momento de que os olvidéis del volante, de la izquierda, de la derecha —en un sentido figurado, se entiende—. Lo que quiero decir es que, de pronto, un día, os dais cuenta de que conducir es agradable, incluso relajante, a no ser que vivamos en una gran ciudad, con el caos del tráfico habitual. Imaginad, en cambio, que la carretera está casi desierta, que conducir resulta placentero (hay que echarle mucha imaginación, lo sé, pero a estas alturas del libro, me atrevo a pediros cualquier cosa: podéis con todo).

Pisáis el freno con delicadeza, mientras observáis la luz verde del semáforo y al coche que os precede, y todo ello, sin impediros repasar mentalmente los asuntos pendientes, o planificar las primeras visitas de la tarde.

El embrague, cambio de marcha, espejo retrovisor, semáforo verde… primera visita, llevar preparado el catálogo de uniformes… e incluso oís a la locutora de vuestra emisora favorita. **¡Inconscientemente competente!**

Ha costado, pero mereció la pena. Estáis listos para formar parte del grupo selecto de los creadores. De los que ganan mucho dinero cada mes y se sienten orgullosos y satisfechos. La imaginación brota, ya no está sujeta a reglas ni técnicas. Es el momento de argumentar con naturalidad, relajados.

Sí, valíais para vender y ahora lo estáis disfrutando.

Los demás admiran el carisma que emana de vuestro ser; no les pasan inadvertidas la expresión corporal de aplomo y tranquilidad que transmitís. Esos hombros bajos, relajados, como el entrecejo. Las manos expresivas y amigables y el rictus amable de los labios… Sois la representación de vuestra más alta estima y esa actitud agrada y se contagia al cliente.

Por fin habéis descubierto que sí valíais para vender y respetáis la grandeza de una profesión que acerca a los demás en aras de intereses comunes. Atrás, en mitad de las páginas del libro, quedaron los miedos y las dudas. Ahora preguntáis:

—¿Cuántos le mando: seis u ocho? ¿Este lunes o el miércoles próximo? ¿Lo prefiere blanco o negro?

No importa el tipo de venta, tanto si requiere visitar al cliente como esperar que éste aparezca por vuestro establecimiento. Habéis asimilado las cuatro, cinco cosas realmente importantes. El resto, hay que saber adaptarlas a la propia personalidad y a las características de cada cliente. No hay secretos. Así de sencillo.

Recordad las llamadas de atención. Si trabajáis en un establecimiento, esforzaos por crear un ambiente personal desde el escaparate hasta la recepción, pasando por todas las áreas de trabajo. Si visitáis a los clientes, hacedlo confiadamente; con la cartera revisada, el ánimo ganador y una impecable presentación personal. Es lo único que necesitareis.

No se detecta el instante en que nos trasladamos de una a otra fase. Simplemente ocurre cuando estamos preparados.

Inconscientemente competentes... Es una especie de chispa que parece surgir «por casualidad». Claro que si la chispa surgió es porque vosotros teníais la cerilla en la mano y decidisteis encenderla en el momento adecuado. Apenas un pequeño cambio que os hizo exclamar: ¡Caramba, funciona! Y comenzasteis a ponerlo en práctica y a repetirlo y siguió funcionando, ¿sabéis por qué? Porque se trataba de un buen argumento comercial. Por eso funcionó y lograsteis conectar con el cliente.

Tuvisteis presente vuestro papel de compradores y decidisteis tratar como os gustaba ser tratados. Excelente elección.

En ventas, todo está dicho y escrito. La cuestión es que pusisteis en práctica alguna de las sugerencias comentadas en el curso de aprendizaje, leídas en otros libros o en éste, y dio resultado. Este último mes la cifra se ha incrementado considerablemente. Estáis estimulados y en racha. Da la sensación de que los clientes se han puesto de acuerdo en mostrarse más afables e interesados. En el colmo de la «buena suerte», ¡manifiestan deseos de compra y confían en vuestro criterio! ¿Es casualidad? Ya conocéis mi opinión. ¿Suerte? No. Acierto. Es el justo premio a un trabajo bien hilvanado. Aprendisteis a sentirlo en vuestro interior, a imaginarlo, a creerlo y a rectificar cuando era necesario.

❏ ❏ ❏

Cuando comencé a escribir este libro, me propuse hacerlo ameno, interesante, práctico y que sirviera de guía a todas aquellas personas que, de una manera u otra, realizan su trabajo en ese campo comercial que denominamos ventas. Quise reunir en capítulos las enseñanzas que a través de veinticinco años de profesión fui acumulando y que me sirvieron de faro para alcanzar el estilo de venta que defino como «*a mi manera*». Espero que os sea de tanta utilidad como lo fueron para mí.

Sólo resta deciros hasta la vista y desearos que vuestro caminar por el mundo comercial sea fructífero y prolongado.

Sentíos orgullosos por ejercer una profesión que requiere mucho valor, entrenamiento y voluntad para llevarlo adelante. Tenedlo siempre presente.

Alcanzar la categoría de vendedor profesional es una tarea ardua. Cierto que lograrlo está al alcance de todos; no obstante, sólo una minoría privilegiada lo consigue. Desde luego, no es un trabajo de tapeo y cháchara. Vender es una forma de entender la vida que exige reflejar lo mejor de vosotros en la tarea diaria. Los buenos resultados os esperan. También llegará algún fracaso. Aprended de unos y otros.

En gran medida, la perseverancia y el afán de superación serán los pilares sobre los que cimentaréis la consecución de vuestra meta, cualquiera que ésta sea. Como sucede con todas las cosas importantes de la vida, nace y se consolida con la práctica.

Deseo que estas páginas hayan sido una interesante compañía y que, en lo sucesivo, os sirvan de referencia en vuestro trabajo. De forma muy especial, espero que contribuyan a hacer respetar la digna profesión de vendedor. También aspiro a que esta profesión llegue a ser para vosotros, además de un excelente medio de ganaros el sustento, una de esas cosas que os importen de verdad.

Aquí pongo el punto final a esta larga conversación. Hasta siempre.

BIBLIOGRAFÍA

Aruel, J. M.: *El clan del oso cavernario*. Madrid, Ediciones Maeva, 1990.
Brennan, Ch.: *Las preguntas que cierran la venta*. Norma Colombia, 1998.
Carnegie, D.: *Cómo ganar amigos*. Barcelona, Edhasa, 1986.
Clément, C.: *El viaje de Teo*. Madrid, Ediciones Siruela, 1999.
Estés, C. P.: *Mujeres que corren con lobos*. Barcelona, Zeta Bolsillo, 2005.
Freud, S.: *Paranoia y neurosis obsesiva*. Madrid, Alianza Editorial, 1971.
Fromm, E.: *El arte de amar*. Barcelona, Paidós, 1998.
Gendlin, E.: *Focusing*. Bilbao, Ediciones Mensajero, 1999.
Gibran, J. G.: *El profeta*. Barcelona, Ediciones Urano, 2003.
Goldberg, N.: *El gozo de escribir*. Barcelona, Los Libros de la Liebre de Marzo, 1999.
Jung, C. G.: *Recuerdos, sueños, pensamientos*. Barcelona, Seix Barral, 1999.
Mandino, O.: *El vendedor más grande del mundo*. Barcelona, Grijalbo, 1979.
Martos, F.: *La rosa de Jericó*. Barcelona, Editorial Roca, 2004.
Revista Deusto Empresa, marzo 2006.
Rof Carballo, J.: *Violencia y ternura*. Pozuelo de Alarcón, Espasa-Calpe, 1988.
Zapata, Á.: *La práctica del relato*. Madrid, Talleres de Escritura Creativa Fuentetaja, 2003.

ÍNDICE

Introducción 9

PRIMERA PARTE 15
1. La venta, una forma de vida 17
2. ¿Justificaciones? No, gracias 27
3. La venta no es patrimonio de truhanes 29
4. El instinto vendedor 33
5. Mejorar como vendedor, crecer como persona 35
6. Todos valemos para vender 41

SEGUNDA PARTE 49
1. El cliente 51
2. El vendedor 65
3. Los siete magníficos 87
4. Vender 97

TERCERA PARTE 99
1. Diez ideas que marcan estilo 101
2. A propósito de los propósitos 105
3. La primera impresión sólo es la primera impresión .. 111
4. Lo más importante de la venta es vender 117
5. El color del cristal con que se mira 125
6. Una imagen vale más que mil palabras 133
7. Preparado, listo: ¡Regularidad! 141

8. Preguntas abiertas, respuestas a la carta 145
9. Nos han sido dadas dos orejas y una sola boca 153
10. Sí valéis para vender 161

CUARTA PARTE 167
Diez propuestas infalibles para fracasar en menos
de seis meses 169

QUINTA PARTE 175
Fases del conocimiento 177

Bibliografía 187